网络营销实战解密

WANGLUO YINGXIAO SHIZHAN JIEMI

陈道志 著

中国财富出版社

图书在版编目（CIP）数据

网络营销实战解密／陈道志著．—北京：中国财富出版社，2013.10
ISBN 978－7－5047－4810－2

Ⅰ.①网…　Ⅱ.①陈…　Ⅲ.①网络营销　Ⅳ.①F713.36

中国版本图书馆 CIP 数据核字（2013）第 216875 号

策划编辑	刘淑娟	责任印制	方朋远
责任编辑	刘淑娟	责任校对	杨小静

出版发行	中国财富出版社（原中国物资出版社）		
社　　址	北京市丰台区南四环西路 188 号 5 区 20 楼	邮政编码	100070
电　　话	010－52227568（发行部）		010－52227588 转 307（总编室）
	010－68589540（读者服务部）		010－52227588 转 305（质检部）
网　　址	http：//www.cfpress.com.cn		
经　　销	新华书店		
印　　刷	北京京都六环印刷厂		
书　　号	ISBN 978－7－5047－4810－2/F·2017		
开　　本	710mm×1000mm　1/16	版　　次	2013 年 10 月第 1 版
印　　张	14	印　　次	2013 年 10 月第 1 次印刷
字　　数	201 千字	定　　价	32.00 元

序言

随着互联网用户的增加，网络营销应运而生。据中国互联网络信息中心（CNNIC）在京发布的《第31次中国互联网络发展状况统计报告》显示，截至2012年12月底，我国网民规模达5.64亿，互联网普及率为42.1%。由此可见，我国的网民众多，网络市场潜力巨大。

企业借助网络营销不仅方便传递信息、宣传品牌，而且更有利于信息反馈、消费者分析、效果跟踪、消费行为调查等。网络营销的方便、快捷性被越来越多的企业认可，然而究竟怎样进行网络营销？什么样的网站能够获得更多的销售利润？很多企业仍然被诸如此类的问题困扰着。

本书就是为了解决企业或者个人在网络营销当中遇到的各种问题而编写的。书中详尽地介绍了网络营销从理论到实践可能遇到的一系列问题，有助于企业或者个人走出网络营销的困境。

本书先是站在理论的高度，从总体上对网络营销实战进行了概述，让读者能够彻底地明白什么是网络营销，网络营销都涉及哪些工作，网络营销实战经典理论有哪些，网络营销实战当中要用到哪些营销方法。然后又本着实用的原则分别从定位、网建、网推和运营4个方面进行了详细阐述。

本书在讲述网络营销实战工作内容的时候，采取的是层层递进的方式，非常容易理解。在网建篇中，从卖什么、卖给谁、怎样卖讲起，详细讲述了网站建设的步骤，回答了什么样的网站才能更具吸引力的问题。我们都知道网络营销只是建立网站还不行，最关键的还是要销售、赢利。所以在网建之后，本书又讲述了网站推广的方法和步骤，这部分内容足可以让一个新手学会如何推广自己的网站。在介绍了网建和网推的知识之后，本书又从网络营销的资源、人员和工作考核等几个方面讲述了怎样进行网络营销的运营工作。最后本书概括了网络营销实战的精髓，再一次提醒读者需要掌握的精华部分。

阅读本书犹如网络营销专家手把手地教你如何进行网络营销。所以，如果你还在为怎样进行网络营销而发愁，如果你还在被自己的网站获利不大的问题而困扰，那么请阅读此书吧！此书足可以让每一个想要从事网络营销的人学会怎样进行网络营销，并且通过网络营销获得丰厚的利润，在网络营销的大潮当中永立潮头！

本书能在较短的时间内出版，真诚感谢秦富洋、方光华、陈德云、刘星、曾庆学、李志起、杨勇、李高朋、孙汗青、陈春东、王京刚、陈宁华、王军生、辛海、蒋志操、王咏、赵国星等人在制图、文字修改以及图书推广宣传方面的协助。

祝：网络营销工作一帆风顺！

陈道志

2013 年 6 月

目　录

第一章

网络营销实战总论

第一节 网络营销实战工作内容

什么是网络营销

随着科学技术的发展，网络与人们的生活休戚相关，为了满足人们购物方便、快捷的需求，网络营销应运而生。它是以互联网为主要手段进行的、为达到一定营销目的的营销活动，也是企业整体营销战略的一个组成部分，贯穿于企业开展网上经营的整个过程。有人从营销学的角度给网络营销定义：网络营销指企业通过国际互联网、通信网络以及数字交换媒体等网络形式，针对用户进行的营销活动，它是传统营销在网络时代的新发展。

具体来说，网络营销是建立在互联网基础上的，用营销型页面来发布产品信息，由商家运用专业的网络营销工具，面向所有网民开展营销活动的营销方式。

网络营销是20世纪90年代在网络信息技术的发展、消费者价值观改变、商业竞争激烈的时代大背景下产生的。从20世纪末至今都在不断地发展，它是目标营销、直接营销、分散营销、顾客导向营销、双向互动营销、远程或全球营销、虚拟营销、无纸化交易、顾客参与式营销的综合。

在日常的工作和交流中，人们经常将网络营销与网络推广等同，在本书中我们要将网络营销与网络推广区别开来。网络推广和网络营销绝对不是同义词，它们是两个不同的概念。从一定意义上来说网络推广是网络营销的一部分，它包含在网络营销当中。

从目的上来说，网络推广重在“推广”，简单地说就是利用各种网络方法让更多人去了解产品；而网络营销的目的却是通过网络与目标客户进行沟通，为客户提供有价值的产品或服务而获得价值，实现价值的交换。

从操作上来看，网络推广比较简单，甚至一个人也能够完成，比如博客推广，一个人只要在博客上发发帖子就可以了；而要实现网络营销不是一两个人就能够完成的了，这通常需要一个团队才行。

从工作业绩上来说，网络推广主要是看具体的传播指标，如发帖数量、点击量、转发数等。网络营销则更看重转换率或收益指标，如销售额。

所以说网络营销和网络推广不是一个概念，不要认为进行了网络推广就是实现了网络营销。网络推广只是进行网络营销的一个有效手段，是网络营销的重要组成部分。当网络营销落实到执行层面时，需要网络推广来为之服务。网络营销不能脱离网络推广而独立存在。

目前，在欧美国家，90% 以上的企业都已经建立了自己的网站。当然，我国很多生产型企业也建立了自己的网站，通过网络来实现产品销售。除此之外，消费者也越来越习惯在网上购买自己需要的产品了。据相关统计，2012 年全球网民总数量（以独立访问用户量为标准）已接近 20 亿，将近全球总人口的 1/3。网上巨大的消费群体特别是企业的商务习惯变化，给网络营销提供了广阔的空间。因此，网络营销将会成为未来产品销售的主导趋势之一，处于生产和消费关系当中的企业和个人都需要对网络营销做深刻的了解。

企业为何需要网络营销

网络营销作为电子商务领域的领头军，突破了时空限制，为市场提供了一个全新的商业推广模式，在企业与企业、企业与消费者之间搭建了一个自由开放的交易平台。目前，网络营销凭借其低成本、高回报的优势成为企业的重要营销策略和订单产生渠道，有效运用网络营销这个强大的工具，可以帮助企业在激烈的竞争中取胜。因为与传统营销方式相比，网络营销具有以下新特征：

1. 互动性

网络营销的最大特点在于交互性。传统的营销是单向的、推动的模式，网络营销由于有了互联网的参与，消费者能够及时、方便地选择自己喜欢的产品和服务，而厂商也很容易了解消费者的要求并制作其需要的产品。这就是厂商与消费者的互动性。

2. 广泛性

随着互联网的推广，网络几乎遍布了全球各个地区，网络成了一个真正意义上集中所有的生产者和消费者的世界市场。网络既是信息资源的海洋，又是商家展示自己的数字广告媒体，受众范围极广，选择余地也更加广阔。

3. 时效性

互联网上的信息是可以实时更新的，所以商家可以利用互联网随时调整改变网上的信息，还能够实时反馈信息，与顾客及时进行沟通，赢得顾客的满意。

4. 经济性

通过互联网络进行信息交换，一方面可以减少印刷与邮递成本，可以无店面销售，免交租金，甚至可以零库存，节约水电与人工成本；另一方面可以减少由于通路和传播过程中带来的高额费用，还可避免迂回多次交换带来的损耗。

正是网络营销具有以上这些新特征，所以网络营销与传统的营销手段相比具有明显的优越性。

由于网络营销具有互动性，所以企业能够通过网络及时了解消费者的需求，消费者也能够随时通过网络将自己的意见反馈给商家。而对于企业来说收集客户的反馈意见和建议至关重要，因为只有知道消费者在想什么才能给消费者提供更好的产品和服务。当你非常重视消费者反馈并迅速解决消费者提出的问题时，好的口碑就能很快传开了。因此，与其他方式相比，网络营销收集客户反馈意见的方式更快，效率更高而且更经济。

基于网络应用的广泛性，企业利用网络营销能够将自己的产品推荐给各个地区的浏览者，受众的增加无疑会增加产品的销售量。

网络的时效性方便商家及时更换产品信息，以至于在新产品还没有上市之前人们就可以在网上看到它的宣传信息，就像是苹果的产品在问世之前网上的宣传就做得非常火暴了，让消费者对新产品非常期待。

网络营销与其他销售方式相比的另一个明显优势就是成本的节约。企业在网上发布信息，每一位网络用户都可以自由地搜取，而前来访问的大多都是对此类商品感兴趣的顾客，受众准确，避免了许多无用的信息传递，可节省费用。企业将产品直接向消费者推销，可缩短分销环节，从而降低成本，使产品具有价格竞争力。还可根据订货情况来调整库存量，降低库存费用。

正是与传统的营销相比，网络营销具有这些不可比拟的优势，所以每个企业都需要进行网络营销。

需要做哪些工作——定位、网建、网推、运营

网络营销是一个系统的工程，在开始网络营销之前，网络营销人员必须了解进行网络销售需要做的一些工作。网络营销虽然是一种新型的销售方式，但是它与传统的市场营销也有相同之处，那就是在进行营销

之前先要做好营销策划。而网络营销策划的主要内容就是网络定位、网建、网推、运营等工作。企业网络营销的效果就是这四个方面的效果之积，如图 1－1 所示。

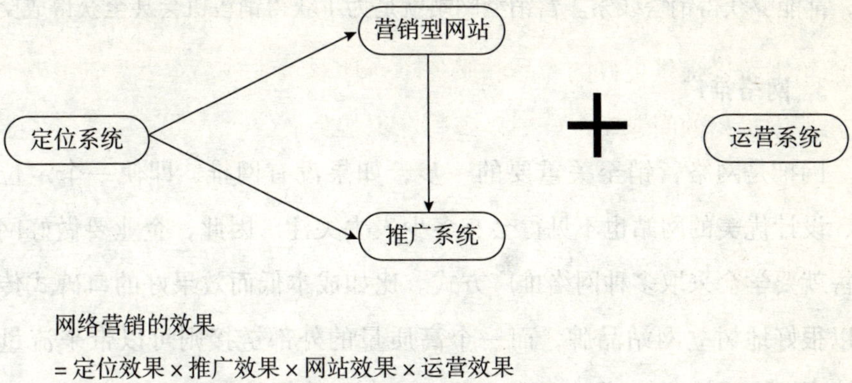

图 1－1　网络营销的效果

1. 网络营销定位

不同的企业网络营销定位也不一样，总体上来说，只有企业的网络营销定位与企业整体战略相一致，才能够为企业带来经济利益。产品如何定位？目标客户如何定位？赢利模式如何定位？网络资产如何定位？如果定位不准，或者只是盲目模仿就会丧失网络营销自身的优势和特色。

2. 营销型网站建设

营销型网站，顾名思义就是指具备营销推广功能的网站，即建站之初，便以日后的营销推广为目的和出发点，并贯彻到网站制作的全过程，务使每一个环节、每一步骤都考虑到营销功能的需求，使网站一上线即具备营销功能或有利于优化推广的特征。

根据企业网络营销定位，设定网络目标客户群体，针对网络潜在目标客户群体的习惯以及需求思维，站在潜在客户的角度，在网站首页排布潜在客户感兴趣的内容。进而塑造企业公信力，进行核心产品展示、客户见证，为潜在目标客户答疑等，通过网站营销贯彻，获得销售线索，最终达成交易。简单地讲，企业现状营销型网站就是企业的销售平台，无论线上直接交易与否，都能够获得销售线索。营销型网站就是为了获得销售机会甚至获得成交。

3. 网络推广

网推是网络营销至关重要的一步，如果没有网推，即使一个定位精准、设计优美的网站也不见得会有多少人去关注。因此，企业要做好网络销售就要学会采取多种网络推广方式。比如成本低而效果好的口碑式传播可以很好地树立网站品牌，而一个高质量的外部链接则可以带来流量与 PR（网页级别）双丰收，具有 Web 2.0 典型特征的 Blog 与 SNS 社区的推广，则可以缩小企业与顾客之间的关系。

4. 网络营销运营

网络营销运营最重要的工作就是如何选择和考核网络营销人员，如何安排和检查他们的工作，让专业的人做专业的事，让整个网络营销工作正常运作起来。

其中网站运营是网络营销运营工作的又一个核心工作，主要包括网站流量监控分析、目标用户行为研究、网站日常更新及内容编辑、网络营销策划及推广等内容。在企业网站内部及外部表现都不错时，还需要对网站进行有效的运营管理，比如系统的流量分析、及时有效的文章更新等。网站运营过程需要做很多量化和标准化工作，如果不能将运营指标量化，也不能将实现这些指标的方式标准化，到最后你会发现，网站整体运营效率低下，或者就是运营到某个阶段后会停滞，这也就使得运营陷入了困境。

企业要进行网络营销就必须对以上这些工作有一个预先的策划分析，盲目地进行网络销售不会达到预期的效果。

第二节 网络营销实战经典理论指导

理论对实践具有指导作用。人类的实践活动与动物的本能活动不一样，人类的实践活动需要有理论做先导，没有理论做指导实践活动会很盲目，难以达到预期的效果。网络营销作为人类重要的实践活动之一，同样离不开理论做指导。本节就网络营销实战活动常用的几种经典理论做简要介绍。

4Cs 与 4Rs

4Cs 是美国营销大师劳特朋所创4C 理论的简称，即 Customer（顾客）、Cost（成本）、Convenience（便利）和 Communication（沟通）四个单词的首字母的组合，由于是复数所以加了 s。

4Cs 营销理论注重以消费者需求为导向进行企业营销活动的规划设计，从产品到如何实现顾客需求（Consumer's Needs）的满足，从价格到综合权衡顾客购买所愿意支付的成本（Cost），从流通渠道的产品流动到实现顾客购买的便利性（Convenience），从促销的单向信息传递到实现与顾客的双向交流与沟通（Communication）。即如图 1－2 所示。

4Cs 营销理论的营销决策是在满足 4Cs 要求下的企业利润最大化，最终实现的是顾客满足和企业利润的最大化。但是 4Cs 也存在着很多不足之处：4Cs 营销理论是顾客导向，而市场经济要求的是竞争导向，中国的企

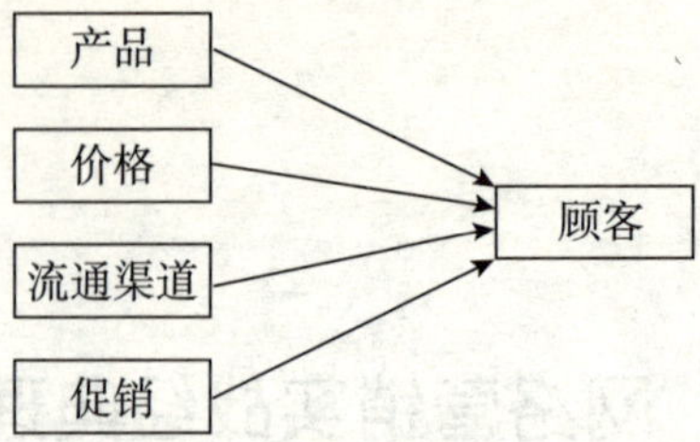

图 1－2　4Cs 理论营销活动的规划设计

业营销也已经转向了市场竞争导向阶段；4Cs 营销理论虽然已融入营销策略和行为中，但企业营销又会在新的层次上同一化，不同企业至多是个程度的差距问题，并不能形成营销个性或营销特色，不能形成营销优势，不能保证企业顾客份额的稳定性、积累性和发展性；4Cs 只看到满足顾客需求的一面，企业必然会付出很大的成本，久而久之，会影响企业的发展；4Cs 营销理论没有体现既赢得客户，又长期地拥有客户的关系营销思路；4Cs 营销理论被动适应顾客需求，没有在企业与顾客之间建立起新型的主动性关系，如互动关系、双赢关系、关联关系等。

4Rs 是由美国整合营销传播理论的鼻祖唐·舒尔茨（Don E. Schuhz）在 4Cs 营销理论的基础上提出的新营销理论。4R 分别指代 Relevance（关联）、Reaction（反应）、Relationship（关系）和 Reward（回报）。该营销理论认为，随着市场的发展，企业需要从更高层次上以更有效的方式在企业与顾客之间建立起有别于传统的新型的主动性关系。

4Rs 营销以竞争为导向，在新的层次上提出了营销新思路，真正体现并落实了关系营销的思想，是实现互动与双赢的保证。4Rs 营销的回报使企业兼顾到成本和双赢两方面的内容。

当然，4Rs 营销同以往任何营销理论一样，也有其不足和缺陷。如与顾客建立关联、关系，需要实力基础或某些特殊条件，并不是任何企业可以轻易做到的。

总之4Cs与4Rs营销理论各有其优点与缺陷，企业在进行网络营销时可以根据实际需要去伪存真，既不要照搬照用，也不要完全摒弃。两种营销理论当中那些能够指导网络营销顺利进行的理论就是最适合网络营销的理论。

USP理论

USP理论是20世纪50年代初由美国人罗瑟·里夫斯提出来的，它的基本观点是：广告就是发挥一种“建议”或“劝解”（Proposition）功能，即找出品牌特性（Unique）——其他品牌所没有的（竞争对手所不能提出来的）独具特性，告诉消费者“买这样的商品，你将得到特殊的利益”，这种适合消费者欲求的利益点，也正是厂商推销商品的“卖点”（Selling），即要求向消费者说一个“独特的销售主张”（Unique Selling Proposition），简称USP理论。

USP理论的销售主张包括：

（1）USP是一种独特性——它内涵在一个品牌自身深处，或者尚未被提出的独特的承诺，这种独特性是竞争对手无法提出的。

（2）有强劲的销售力——这一项主张必须很强，足以影响百万社会公众。

（3）必须对目标消费者做出一个主张——一个清楚的令人信服的品牌利益主张。

USP是营销概念创意的一个有效思考工具，许多营销人由此而创造了不可一世的“Big Idea”。虽然，20世纪60年代的主张，在现代营销中有很多局限性。但是，在与发达国家相比竞争还不算十分激烈的中国市场上，该理论还是显示了其强大的威力，因为很多成功的营销概念都源于USP，这充分证明了该理论的强大威力。

今天，企业采取网络营销这种销售方式也必须借鉴 USP 理论，因为无论哪种营销方式都要找到产品的卖点，试想没有卖点的产品怎么能够在激烈的市场当中取胜呢?

如何找到产品的卖点？现有的经验是：从产品概念和价值入手，寻找卖点；强调新颖性，达到唯一效果；瞄准目标受众，展开心理攻势。企业在进行网络宣传的时候，可以借鉴这些方法找到产品的卖点。

Upsell 理论

Upsell 就是提升销售的意思，一般来说提升销售就是向考虑购买的客户推荐销售更多的产品或者是价格更高的产品或者服务。提升销售通常是给客户提供与他考虑购买的同样产品或者服务的较好版本或者是相关产品。

通常提升销售的方法不外乎以下几种：

1. 升级

这里的升级就是说向客户推荐新版本。或许你也有这样的经历，本来看好了某款产品，想要购买的时候，却购买了它的升级版。因为销售人员向你推荐了它的新版本，它的旧功能的改进和新功能的添加，以及其外观形式等方面的变化，总有地方打动了你，所以你购买了升级版。

2. 捆绑加量

捆绑加量是常见的促销方式之一。

今天在激烈的市场竞争中我们随处可见买一赠一的活动。比如，某品牌花生油为了提升销售量有时会推出买一大桶赠送一小桶的活动。还有牛奶、小食品、蔬菜等常见买一赠一的活动。除此之外，还有些商家推出买二赠一、买五赠二等活动，这些都是利用捆绑加量的方法来提升销售量。

3. 相关辅助产品

有时候一种产品不能完全发挥它的效能，比如笔记本电脑，如果没有移动网卡它就不能随时随地上网，为了提高销售量，一些商家就会喊出买电脑送网卡的口号来提升销售量。还有买手机送手机链，买电脑送电脑包等活动都是利用赠送相关辅助产品来提高销售量。

但是，以上提升销售量的方法哪个商家都可以运用，这又让大家回到了同一销售水平上。怎样在激烈的市场竞争中取胜，还要看商家怎样把Upsell理论与客户的信任度结合起来。

要取得客户的信任，首先要有专业的网站形象。“挂羊头卖狗肉”大家谁也不会相信你的。比如，卖化妆品的网站却用一些穿着时髦的人物照来宣传，这时候人们关心的往往是其衣着，而不是他们用了什么化妆品。所以网站建设要做一行像一行，让客户一看就很专业，这样才能让客户进一步地与你接触。

其次，做好品牌。如果有自己的品牌那自然会吸引一些客户的关注。如今消费者越来越重视品牌，肯德基的炸鸡不是因为做得最好吃，才有那么多的客户，而是因为它是品牌。因此，品牌对企业来说至关重要，对一个网店来说也是如此。所以，那些没有品牌特色的网店一定要通过提高产品或者是服务质量，或者是其他方式来树立自己的品牌。

再次，产品信息要全面。销售家用电器，就要对产品的功能和使用方法做详细的介绍，当然最好不要照搬照抄别人网站上的信息，那样不但不能突出自己的产品的卖点，还会让浏览者感到你做得不专业，不认真。

最后，还要把第三方认证展示出来。得到过什么荣誉或者奖牌，都需要展示出来，比如营业执照以及和名人的合影，这些都是建立用户信任的一些细节，虽然小，但是不可缺少，越全越好。这些认证一定要是真的才能取信于客户。有些网站上挂有百度黄金大联盟的标志，要么点不开，要么点开后跑到百度联盟认证的首页。这种做法会适得其反。

Upsell 理论对网络营销的实用性非常大，企业一定要根据自己所在行业的竞争程度和自己的实际情况来选择合适的提升销售的方法，只有这样才会使销售业绩更上一层楼。

长尾理论与 20/80 定律

长尾理论是网络时代兴起的一种新理论，最早由美国《连线》杂志总编克里斯·安德森提出。长尾理论认为，由于成本和效率的因素，过去人们只能关注重要的人或重要的事，如果用正态分布曲线来描绘这些人或事，人们只能关注曲线的“头部”，而将处于曲线“尾部”、需要更多的精力和成本才能关注到的大多数人或事被忽略。如图 1－3 所示。

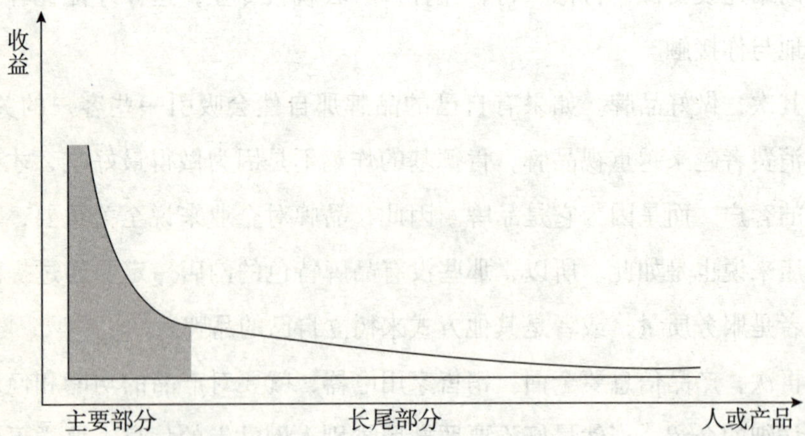

图 1－3 “长尾理论”模型

图 1－3 中灰色部分的面积小于白色部分的面积。灰色部分是某公司主要产品带来的收益，而白色部分是一些不热门产品带来的收益（或者说灰色部分是主要大客户带来的收益，白色部分是小客户带来的收益）。也

就是说在市场相对较大的情况下，一些不热门的产品（或小客户）可能超过核心产品（或者大客户）带来的收益。

在传统的销售中企业只关注那些主要产品或客户，而忽视了在数量上居于大多数的普通产品或小客户。而在网络时代，由于关注的成本大大降低，企业应该去关注正态分布曲线的“尾部”，因为关注“尾部”产生的总体效益有可能会超过“头部”。例如，某著名网站是服装批发商，它的大客户很少，收入完全来自被其他服装商忽略的中小企业。安德森认为，网络时代是关注“长尾”、发挥“长尾”效益的时代。

20/80 定律，也称二八定律，指的是 80% 的结果，往往是来自 20% 的出处。比如对一个公司来讲，80% 的利润常常来自 20% 最畅销的产品；80% 的利润来自最忠诚的 20% 客户；80% 的销量或利润来自 20% 最成功的网络营销渠道或投资等，这部分就像图 1 – 3 的灰色面积部分。

从表面上来看，长尾理论是对商业活动中 20/80 定律的颠覆。按照长尾理论和 20/80 定律的对照，长尾理论对那些需求不高、销售不高的 80% 产品并不一定输给 20% 的主要产品，所以不能忽视长尾市场。而 20/80 定律则是主张把精力用在能够给企业带来 80% 收益的 20% 的主要产品上。

然而实际上，在网络时代长尾理论和 20/80 定律殊途同归，如图 1 – 4。关于这一观点在一些材料上阐述得非常清晰，具体阐述如下：

在资源稀缺假设前提下，传统经济属于典型的供给方规模经济，体现的是帕累托分布的需求曲线头部，用户的购买行为并不完全反映需求，主流产品的销售量大不等同于对它的需求也大，只是主流产品占据了大部分市场，限制了人们的选择权。随着整个社会经济以及科技的发展，今天我们已步入一个“富足经济”时代，人们的生活质量在不断提高。一方面，商品在无限地细分，用户的取向除了具备一些共性之外，越来越追求个性化的需求，所以对各种商品都有存在需求的可能；而另一方面，随着技术进步和互联网的兴起，电子商务在聚集了这类产品原本分散的用户的同

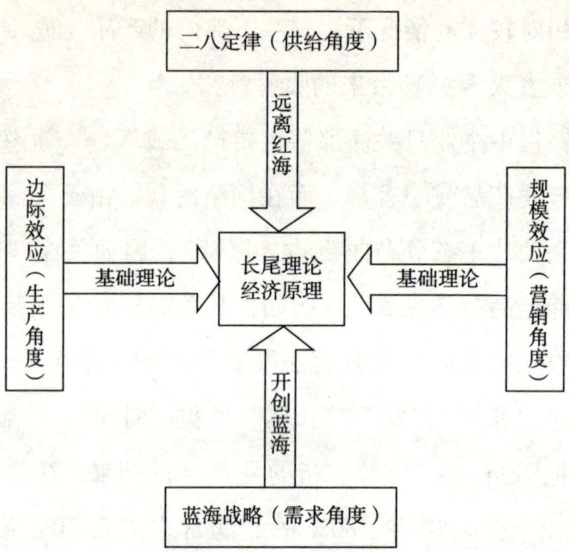

图1-4 四维动态分析模型

时，也降低了交易成本。

长尾理论阐述的实际是丰饶经济学。企业采取差异化战略，“小块需求”通过“小块渠道”对“小块供应”的小额交易，建立全新的低成本渠道的销售模式满足人们更加个性化和具体化的需求，当无数用户的个性化需求得到满足时，必然导致长尾的产生，形成了独特的需求方规模经济，完美展示了帕累托分布的需求曲线尾部。当大规模的市场形态向着许多细小的市场聚合形态转变，两种形态趋于并存时，“二八定律”和“长尾理论”现象会同时出现在一条需求曲线的前后两个不同部分，二者相辅相成且相互补充。因此，长尾理论可以说是互联网出现后企业商业运营环境变化的直接结果，长尾理论只是在特定条件下从某一个角度来看问题，没有也不可能否定“二八定律”，长尾理论应当还是二八定律，是对过去强调的“二八定律”在一种新的环境下一个很好的补充和完善，二者殊途同归。长尾理论与二八定律的比较见表1-1。

所以企业在进行网络销售的时候，不要去刻意地避开一个原理或定律而运用另一个定律或原理，二者可以相互结合，灵活运用。

表 1－1　　长尾理论与二八定律比较

比较项目	长尾理论	二八定律
经济假设	丰饶经济	资源稀缺
市场导向	需求方规模经济	供给方规模经济
战略手段	差异化战略（个性化服务）	低成本战略（标准化服务）
市场目标	不放弃尾部 20% 的利基市场	关注头部 80% 的热门市场
客户服务	提供个性化需求	提供大众化需求
企业愿景	小市场与大市场相匹配	成为主流市场的领航人

定位营销

定位营销是 20 世纪 70 年代美国的两位营销专家艾·里斯和杰克·特劳特提出的概念。1981 年，两人合著了《定位营销策略》一书。定位营销就是通过发现顾客不同的需求，合理定位，并不断地满足它的过程。定位营销的实质是消费者、市场、产品、价格以及广告诉求的重新细分与定位。2005 年 5 月，Youngme Moon 在《哈佛商业评论》上发表文章，在定位营销理论的基础上，提出用三种意想不到的方式进行定位和再定位，即逆向定位、分离定位和隐匿定位。

逆向定位是利用有较高知名度的竞争对手和声誉来引起消费者对自己的关注、同情和支持，以达到在市场竞争中占有一席之地的广告定位效果。大多数企业广告的定位都是以突出产品的优异之处的正向定位，采取逆向定位反其道而行之，利用社会上人们普遍存在的同情弱者和信任诚实的人的心理，反而能够使广告获得意外的收获。

分离定位通过有意与一个新的产品类别建立关联，使产品脱离原属类别，将产品价值组合的某一价值点分离出来，通过聚焦、放大，从而在原有品类中创造出一个新的细分品类。从而让营销人员能够使用新类别的各种惯例，改变产品的消费方式和竞争对手。

当一类产品被歧视的时候，隐匿式定位策略便成为营销者手中强有力的工具。消费者可能感觉被某类产品侵犯（新技术就是这种情况），他们可能由于前代产品曾令他们失望而怀疑这类产品，或者他们完全因为个人喜好而厌恶这类产品或者公司。通过使用隐匿定位策略，一个公司就能够悄然地把产品推向市场，并使产品被消费者们认可。虽然隐匿定位策略不会打破产品种类界限，它却能使产品在引入阶段重新回到生命周期的起点，使产品免于衰退或灭亡。

定位营销包括以下五个基本方面：

（1）消费者定位：寻找消费者的特殊需求或需求差异，并不断满足；

（2）产品定位：创造产品的差异性，找准产品的卖点和切入点；

（3）价格定位：走出低价竞争的误区，合理定价；

（4）市场定位：参考目标消费群、消费力、消费特点、销售渠道、传播方式等因素，并根据这些指标进行市场推广；

（5）广告定位：既要有好的创意又要将产品独特的卖点诉之于消费受众。

定位营销的方法和内容不但适用于传统的营销，而且适用于网络营销。网络营销也必须做以上几方面的定位，具体采取哪种定位方式，还要看实际的需要。

数据库营销

网络是建立强大、精确的营销数据库的理想工具。因为网络具有即时、互动的特性，所以可以对营销数据库实现动态的修改和添加。拥有一个即时追踪市场状况的营销数据库，是企业管理阶层作出动态、理性决策的基础。传统营销学中一些仅停留在理论上的梦想，通过网络建立的营销数据库可以实现。例如，对目标市插进行精确的细分，对商品价格的及时调整等。

数据库营销就是通过收集和积累会员（用户或消费者）信息，经过分析筛选后，有针对性地使用电子邮件、短信、电话、信件等方式进行客户深度挖掘与关系维护的营销方式。或者，数据库营销就是以与顾客建立一对一的互动沟通关系为目标，并依赖庞大的顾客信息库进行长期营销活动的一种全新的销售手段。这里的数据库是一套内容涵盖现有顾客和潜在顾客，可以随时更新的动态数据库管理系统。

数据库营销可以让企业将客户进行多维度细分，进行更加精准地定位，有针对性营销，甚至实现一对一准确定位营销。数据库营销在欧美已经得到了广泛的应用，在中国内地，也已经开始呈现“星星之火，可以燎原”之势。在网络营销中，数据库营销有着更加独特的优越性，因而成为网络营销的重要策略之一。那么如何建立数据库呢？经验告诉我们应从以下三个方面入手：

1. 瞄准恰当的顾客

对于一个网络企业而言，并不是所有的在线顾客都是同等的重要，忠诚营销必须从无数的访问者之中识别出对企业而言最有利可图、最值得保留的顾客，又称为最有价值的在线顾客，将他们作为营销的目标，并努力建立起他们对网站的忠诚。

2. 建立顾客数据库

顾客数据库中的资料是个性化营销和顾客关系管理的重要基础。分析顾客需求行为，根据顾客的历史资料不仅可以猜测需求趋向，还可以评估需求倾向的改变，进行市场调查和猜测，数据库为市场调查提供了丰富的资料，根据顾客的资料可以分析潜在的目标市场。

3. **完善顾客关系管理系统**

顾客关系管理是一种连续的营销沟通和实施的营销活动，其目的是利用互联网加强企业和顾客之间的联系。这个系统的主要构成要素包括：目标顾客及其价值的确定、顾客服务力量的检测、开展顾客忠诚活动的策略、非忠诚顾客的分析和管理、顾客忠诚计划的评估。顾客可以通过顾客关系管理系统随时进行相关咨询或求助，同时企业通过该系统定期对顾客进行访问和回访，这其实是一个有效的顾客反馈机制，企业要想更好地赢得顾客忠诚，就必须不断追踪了解顾客的期望以及满足水平。

企业只有把以上三个方面的工作做到位，才能够建立起有效的客户数据库，从而使网络营销更加得心应手。

整合营销传播

整合营销传播的核心思想是将与企业进行市场营销有关的一切传播活动一元化。

整合营销传播一方面把广告、促销、公关、直销、CI、包装、新闻媒体等一切传播活动都涵盖到营销活动的范围之内；另一方面则使企业能够将统一的传播资讯传达给消费者。所以，整合营销传播也被称为营销传播的一元化策略。这是一个营销传播计划概念，要求充分认识用来制订综合计划时所使用的各种带来附加值的传播手段——如普通广告、直接反映广告、销售促进和公共关系——并将之结合，提供具有良好清晰度、连贯性的信息，使传播影响力最大化。

整合营销传播具有两个特性：

一是战术的连续性。这是指在所有营销传播中的创意要素要有一贯性。譬如在一个营销传播战术中可以使用相同的口号、标签说明，以及在所有广告和其他形式的营销传播中表现相同行业特性等。心理的连续性是指对该机构和品牌的一贯态度，它是消费者对公司的“声音”与“性格”的知觉，这可通过贯穿所有广告和其他形式的营销传播的一贯主题、形象或语调等来达成。

二是战略的导向性。是设计来完成公司战略性目标。许多营销传播专家虽然制作出超凡的创意广告作品，能够深深地感动受众甚至获得广告或传播大奖，但是未必有助于本机构的战略目标，例如销售量市场份额及利润目标等。能够促使一个营销传播战术整合的就是其战略焦点，信息必须设计来达成特殊的战略目标，必须通过有利于战略目标的考虑来选择媒体。

整合营销传播理论作为一种实战性极强的操作性理论，兴起于商品经济最发达的美国，在20世纪90年代得到企业界和营销理论界的广泛认同。在经济全球化的形势下，近几年来，整合营销传播理论也在中国得到了广泛的传播，并一度出现“整合营销热”。随着网络营销的发展，整合营销传播理论也广泛地运用到了网络营销当中。

网络营销在运用整合营销传播理论的时候，可以从以下几个层次进行整合：

1. 认知的整合

这是实现整合营销传播的第一个层次，这里只有要求营销人员认识或明了营销传播的需要。

2. 形象的整合

第二个层次牵涉到确保信息与媒体一致性的决策，信息与媒体一致性一是指广告的文字与其他视觉要素之间要达到的一致性；二是指在不同媒体上投放广告的一致性。

3. 功能的整合

第三个层次是把不同的营销传播方案编制出来，作为服务于营销目标（如销售额与市场份额）的直接功能，也就是说每个营销传播要素的优势劣势都经过详尽的分析，并与特定的营销目标紧密结合起来。

4. 协调的整合

第四个层次是人员推销功能与其他营销传播要素（广告公关促销和直销）等被直接整合在一起，这意味着各种手段都用来确保人际营销传播与非人际形式的营销传播的高度一致。例如推销人员所说的内容必须与其他媒体上的广告内容协调一致。

5. 基于消费者的整合

营销策略必须在了解消费者的需求和欲求的基础上锁定目标消费者，在给产品以明确的定位以后才能开始营销策划，换句话说，营销策略的整合使得战略定位的信息直接到达目标消费者的心中。

6. 基于风险共担者的整合

这是营销人员认识到目标消费者不是本机构应该传播的唯一群体，其他共担风险的经营者也应该包含在整体的整合营销传播战术之内。例如本机构的员工、供应商、配销商以及股东等。

7. 关系管理的整合

这一层次被认为是整合营销的最高阶段。关系管理的整合就是要向不同的关系单位作出有效的传播，公司必须发展有效的战略。这些战略不只是营销战略，还有制造战略、工程战略、财务战略、人力资源战略以及会计战略等，也就是说，公司必须在每个功能环节内（如制造、工程、研发、营销等环节）发展出营销战略以达成不同功能部门的协调，同时对社会资源也要作出战略整合。

第三节 网络营销实战方法指导总流程：战略——策略——运营

为实现企业网络营销的目标，企业在一定的时期内，一定要有网络营销发展的总体设想和规划，也就是说要制订自己的营销战略。企业的性质不同，发展目标不同，战略也会不一样。网络营销战略规划后，要采取适用的策略，并通过高效无折扣的运营来实现战略。

1. 网络营销战略

网络营销战略是指企业在现代网络营销观念下，为实现其经营目标，对一定时期内网络营销发展的总体设想和规划。它要求企业决策者把企业的网上投资业务当做一个投资组合来管理，在企业资源一定的条件下结合离线营销进行配置，通过考虑市场增长率和企业网上的定位及组合，尽可能准确地估量每项网上业务的未来利润潜量，强调网上战略规划是一种战略。决策者必须明确企业在本行业的地位、目标、资源、机会中哪些因素举足轻重，从而对每一项网上业务制订一个“战略方案”。如企业通过网络营销是想打造强势的互联网品牌，还是实现销售赢利，还是赢得互联网用户资产等，这就是网络营销战略应该考虑的事情。

打造强势的互联网品牌。将品牌作为管理重点的企业可通过网页的设计来增强整个企业的品牌形象。许多著名品牌都采用网络作为增强品牌形象的工具。企业可以通过网页的设计、网络推广来突出品牌宣传，树立整体的企业品牌形象，实现市场渗透，最终达到提高市场占有率的目的。例如可口可乐公司，不是以网络作为直复营销的工具，而是以网络作为增强品牌形象的工具。

通过互联网实现销售赢利。使用网络进行销售对企业最直接的效益来源于它的直复营销功能：即通过简化销售渠道、降低销售成本，最终达到减少管理费用的目的。另外，提供有用信息来刺激消费，这种战略可通过网络向顾客连续地提供有用的信息，包括新产品信息、产品的新用途等，而且可根据情况适时地变化，保持网上站点的新鲜感和吸引力。这些有用的新信息能刺激顾客的消费欲望，从而增加购买。

赢得互联网用户资产。通过网络营销可以达到更好地服务于顾客的目的，从而增强与顾客的关系，增加顾客忠诚度，从而留住顾客，提高公司的销售量。如世界著名的媒体集团“贝塔斯曼”在上海的总部，以“贝塔斯曼书友会”的形式开展网络营销和传统营销并行的营销活动。在开始的阶段，“贝塔斯曼书友会”将工作放在发展新会员上，有一定的效果。但是后来发现不断增加的新会员并没有给公司增加相应的销售额，而老顾客的减少却使销售量有较大幅度的降低。针对这种情况，“贝塔斯曼书友会”在留住顾客、增加销售量上做文章，策划了许多相关的营销活动，取得了比较理想的效果。

2. 网络营销策略

为实现网络营销战略，我们需要采取不同的网络营销策略，常用的网络营销策略有网站定位策略、推广策略、产品策略、价格策略、顾客服务策略等。

网站定位如同企业、产品一样，网站定位就是确定网站的特征、特定的使用场合及其特殊的使用群体和其特征带来的利益，即网站在网络上的特殊位置，它的核心概念、目标用户群、核心作用等。网站定位策略的实质是对用户、市场、产品、价格以及广告诉求的重新细分与定位，预设网站在用户心中的形象地位。网站定位的核心在于寻找或打造你的网站的核心差异点，然后在这个差异点的基础上在消费者的心智模式中树立一个品牌形象、一个差异化概念。建立一个营销型网站是其最终目的。

推广策略包含三个方面，可以用三个军种来形容：稳定的网站维护，进行网站 SEO 的陆军；通过各种免费平台进行整合推广的海军；通过付费广告推广的空军。三个军种中，陆军是基础，是必需军种，海军适合做口碑，空军适合成交收割，他们的组合千变万化，我们需要结合具体的情况制定适合的策略。

产品策略是指明确自己的产品或者服务项目，明确哪些是网络消费者选择的产品，定为目标群体，因为产品网络销售的费用远低于其他销售渠道的销售费用，因此如果产品选择得当可以通过网络营销获得更大的利润。

网络营销价格策略是成本与价格的直接对话，由于信息的开放性，消费者很容易掌握同行业各个竞争者的价格，如何引导消费者作出购买决策是关键。如果想在价格上成功应注重强调自己产品的性能价格比以及与同行业竞争者相比之下自身产品的特点。除此之外，由于竞争者的冲击，网络营销的价格策略应该适时调整，中小企业营销的目的不同，可根据时间不同制定价格。

网络顾客服务策略有很多，如有效使用 FAQ 即常见问题解答，在公司网站中以客户的角度设置问题、提供答案，形成完整的知识库；有效使用网络社区，客户可以自由发表对产品的评论，与使用该产品的其他客户交流产品的使用和维护方法；在企业营销站点，开设客户服务中心栏目，可详细介绍企业服务理念、组织机构，通过顾客登记、服务热线、产品咨询、在线报修等，为客户提供系统、全面的服务；有效开展网络个性化服务，按照顾客的个性要求提供有针对性的服务。在顾客希望的时间和希望的地点提供服务，能根据顾客个人爱好或特征来进行服务，利用网络实施个性化服务符合一对一的现代营销理念。

3. **网络营销的运营**

网络营销运营，简单地说就是对网络营销施加行之有效的经营和管理手段，使其效果充分凸显，在时间和空间的效能上最大化，发挥网络资源和企业人员整合的最大优势。他通常包括：企业网络营销现状分析；行业网络竞争状况分析；网站诊断分析及优化方案、用户体验分析报告；网站不同运营阶段的网站推广及管理方法；网络品牌推广方案；基于用户行为分析的网络媒体选择与网络广告投放计划；搜索引擎自然推广方案；付费搜索引擎推广方案设计、效果跟踪及广告优化；网站运营管理及网络营销效果评价与控制；网站运营维护规范；网络营销及网站运营专业人员培养；网络营销效果分析报告与改进建议。

网络营销工作诊断分析

随着互联网技术的发展和上网用户的迅速增加。网络营销工作诊断分析在网络营销当中显得尤为重要。孙子兵法曰："知彼知己，百战不殆。"企业在进行网络营销的时候是否了解行业的网络运营情况？是否了解各个竞争对手的营销性格？是否清楚自己未来应该采用哪些营销组合拳？这些问题都是要通过网络调研和网络营销工作诊断分析来解决。

1. **行业及竞品调研分析**

网络营销专业化诊断建立在详细数据调研基础上，需要打造一个涵盖自身行业网络营销水平、详细竞品网络营销策略和情报数据报告分析定制赶超计划的强大的调研体系，如图 1－5 所示，才能做到知彼知己而无往不胜。

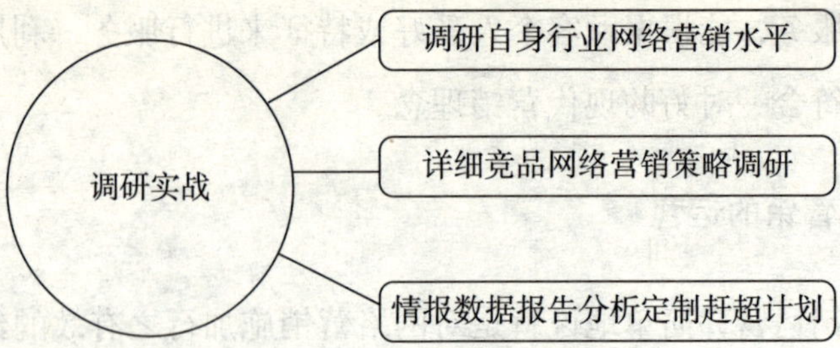

图 1-5　网络营销调研与情报收集

2. 自身网络营销诊断分析

（1）网站权重分析。网站权重分析即网站工作好坏的基础评判，如图 1-6 所示，可以从六个指标来衡量网站权重。

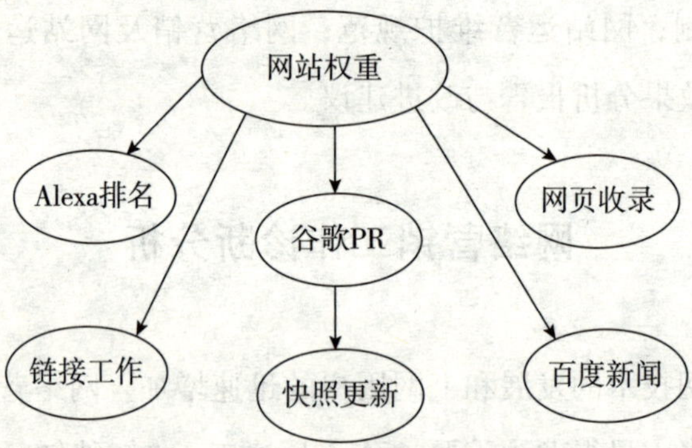

图 1-6　衡量网站权重六指标

①Alexa 全球排名：反映网站实力，和网站流量成正比，可以通过 http://www.alexa.com 网站直接查询。其评价参考如下：

- 1 万以内——超级大站；
- 10 万以内——牛站；
- 100 万以内——主流网站（运营）；
- 100 万以外——不入流（200、300、500、没有排名）。

②谷歌 PR：Google 搜索引擎的页面评级分值，全称为 PageRank（网

页级别)，是 Google 用来标志网页的等级、重要性的一种方法，是 Google 用来衡量一个网站的好坏的一项重要标准。级别从 1 到 10 级，10 级为满分。PR 值越高说明该网页越受欢迎（越重要）。可以通过 http：//pr. chinaz. com 网站查询。其评价参考如下：

- 0～2——很差；
- 3～4——主流网站；
- 5～6——很牛的网站；
- 7～8——传奇网站；
- 9～10——神话。

③网页收录：网页收录可以反映出网站规模大小和搜索引擎对其的喜爱程度，如果主流搜索引擎如百度和谷歌收录数量相差太多，哪个比较差就要加强哪个 SE 的工作。这一数值可以在百度、谷歌搜索框直接输入“site：域名 ”查询。其评价参考如下：

- 1000 以下就是小网站，靠特色活着；
- 1000 个收录是大站的基本要求；
- 1 万以上收录，流量过万，可以成为用户鱼塘；
- 10 万以上是超级大站。

④链接工作：链接工作反映网站的外交实力，包括链接的质量和数量。链接的质量和数量越多，网站权重越高。可以通过 http：//sitemap. cn. yahoo. com 查看链接情况。

⑤网页快照：网页快照反映网站更新工作，更新越频繁，那么搜索引擎蜘蛛就越喜欢你。其评价参考如下：

- 天快照（24 小时快照）；
- 周快照；
- 月快照；
- 年快照。

⑥百度新闻：新闻营销可视为网络主流社会对某网站的认可，大网站才会出现新闻源网站的投票，小网站较为少见。可以理解为高质量的外链。可以直接通过 http：//news. baidu. com 网站查询。

（2）网站资产定量化评估。建立网站评估 KPI 指标及分值体系，对网站进行合理全面的评估。如可以将网站评估分为用户体验、搜索优化、网站营销功能和网站运营现状项目。每个类别下面又分为若干个细分指标，如表 1－2 所示。

表 1－2　　网站资产现状诊断分析表

<table>
<tr><td colspan="2">公司名称</td><td colspan="2"></td></tr>
<tr><td colspan="2">诊断网站</td><td colspan="2"></td></tr>
<tr><td colspan="2">诊断时间</td><td>官方网站</td><td></td></tr>
<tr><td colspan="4">重点诊断项目及各项指标评分</td></tr>
<tr><td>评估内容</td><td>评估项目</td><td>参考标准</td><td>选择（0 分或 5 分）</td></tr>
<tr><td rowspan="5">用户体验项目</td><td>网站访问速度</td><td>整站打开 8 秒原则，网站访问各区域稳定性强</td><td></td></tr>
<tr><td>网站结构展示</td><td>导航清楚，重点突出产品、服务、公司优势</td><td></td></tr>
<tr><td>网站设计水平</td><td>色彩搭配合理、专业性强、细节处理比较到位</td><td></td></tr>
<tr><td>网站公信力评估</td><td>有资质证书、荣誉证书、第三方认证书等</td><td></td></tr>
<tr><td>网站联系方式</td><td>每个产品页、公司介绍页都有明显、详细的联系方式</td><td></td></tr>
<tr><td rowspan="5">搜索优化项目</td><td>网站标题优化</td><td>首页标题、产品页面、新闻页面进行针对性关键词优化</td><td></td></tr>
<tr><td>网站内容优化</td><td>网站内容原创性，日常更新，优化关键词内容体现</td><td></td></tr>
<tr><td>网站外链优化</td><td>高质量外部链接、高 PR 值友情链接、1000 个外链以上</td><td></td></tr>
<tr><td>公司核心优势</td><td>网站非常突出公司、产品核心优势，非常有利于优化</td><td></td></tr>
<tr><td>主营关键词优化</td><td>主营关键词在百度、谷歌搜索结果前三页展示</td><td></td></tr>
</table>

续 表

评估内容	评估项目	参考标准	选择（0分或5分）
网站营销功能	网站在线客服	网站客服，在线把握销售机会，整合 QQ、MSN 在线功能	
	专业客服热线	400、800 热线：专业大公司形象，注重品牌与服务	
	广告促销意识	通过在线促销、广告图片，加强网站营销意识	
	成功案例展示	真实客户案例，详细介绍案例情况，加强真实性展示	
	客户好评展示	客户感谢信，提升诚信度，让客户说好，广告效果好	
网站运营现状	网站日常更新	每周都有更新企业网站资讯类、知识类内容	
	网站数据分析	网站安装有数据监控系统且日常做数据分析	
	网站专人运营	企业网站应有专人进行运营，包括最基本的站内、站外运营	
	网站客户管理	针对网站访客、特别是有咨询沟通的客户进行客户管理要求	
	定期总结会议	每月、最好每周针对网站运营数据分析做会议总结	
汇总得分			
相关建议			

其得分评价参考如下：

- 0～20 分：该公司网络营销效果很不理想，网络营销是企业营销的突破点，一定要特别重视网络营销。建议公司领导重视、全面重新规划网络营销。
- 30～40 分：该公司网络营销效果较差，网络营销基础工作没有做到位，想通过网络营销实现收益，还得认真规划，全面优化，实现好的网络营销效果。
- 50～60 分：该公司具备网络营销的基础能力，目前效果不太理想的根本原因在于重点把握与细节优化。网络推广环节再加强，相信效果会提升。

- 70～80 分：该公司网络营销有比较好的表现，接下来提升的关键点是进行细节优化，专人负责网络营销，全面加强推广，力争网络营销效果更好。

- 90～100 分：该公司的网络营销效果做得不错。希望能通过区域复制、模式复制等形式加速网络营销更快的进度，期待该公司的网络营销取得更快速的发展。

网络营销常用工具

从网络营销诞生之日起，网络营销工具就随之产生。据统计，先后出现过的网络营销工具包括：企业建站、搜索引擎、电子邮件搜索与群发、网络实名，通用网址、即时信息、信息发布软件、网络推广工具软件、IM、论坛、博客、微博、微信等。网络营销就是借助于这些网络营销工具，才实现了营销信息的发布、传递、与用户之间的沟通，以及销售的最终达成。

在所有网络营销常用工具中，企业网站是企业在互联网上呈现的载体，也是一个综合性的网络营销工具。除了企业网站外，我们可以根据网络营销工具的作用将它们分为网络调研工具、信息采集和发布工具、关键词工具和网络推广工具四种基本的类型。

1. 网络调研工具

网络调研工具包括电子邮件搜索与群发、网络实名、通用网址等，其中最常用的工具就是邮件地址搜索及群发软件。

很多邮件地址搜索及群发软件商都称自己的软件有定向收集用户信

息、将信息定向发送到目标用户的功能，甚至有些软件用“数据库营销”来宣传自己。但是这种群发的退信率高得惊人，群发软件的有效性也很有限。少数能够发送到客户邮箱的邮件基本通不过防火墙的安全检测，而真正看到邮件，同时还是你要寻找的目标客户的人就更少的可怜了。邮件地址搜索及群发软件目前是以牺牲大多数用户甚至整个网络通信环境为代价在生存的。采用这种软件要注意目标用户定向功能，否则采用这种软件永远摆脱不了垃圾邮件制造者的尴尬境地，并且将很快被市场淘汰。

2. 信息采集和发布工具

信息采集和发布工具包括即时信息、信息发布软件等。我们需要注意的是信息发布软件的应用。

信息发布软件是非常具有迷惑性的产品。信息发布软件是一种自动注册类的软件，是将商务信息提交到一些可以接受自动提交信息的网站。因为自己也不知道信息发布到了哪个网站，并且，如果一个企业将自己的产品信息随意地到处去提交发布，会让人觉得这样的企业不可信，反而会给企业带来不利的影响。这类工具在有一定网络营销认识的企业一般不会被广泛使用。

3. 关键词工具

我们常用搜索引擎来搜索关键词，其实关键词工具还有类似于谷歌关键词、百度推广助手、金花等很多。

搜索引擎是21世纪以来，互联网行业公认的重要赢利方向，也是目前网络营销工具中技术性相对很高的产品，是现在网络广告宣传的重要手段之一。在商业竞争激烈、可替代性同类产品层出不穷的时代，企业和产品信息的可发现性已经成为了市场推广的重要部分。我们必须承认，搜索引擎在其中的作用非常巨大。于是市场中出现了大批围绕搜索引擎做文章的网络营销软件，包括关键词扩展、分类、去重、追词工具等。

4. 网络推广工具

网络推广工具是辅助网络推广的，让网络推广变得更加轻松和高效，针对网络推广平台不同有各种功能的网络营销软件，如博客推广软件、论坛推广软件、邮件推广软件、分类信息推广软件等，也有将这些推广方式组合到一套软件中的优势结合的组合营销软件，实现优势结合，只需简单操作就能实现多方位的网络推广效果。

本章小结

本章从网络营销的实战工作内容谈起，讲到了网络营销的经典指导理论、网络营销的实战方法，站在理论的高度对网络营销需要做的工作和需要掌握的基本知识做了详细的阐述，对想要进行网络营销的人员来说非常实用。掌握了本章的内容就对网络营销有了初步的概念性的认识，也就是说拥有了网络营销的理论武器。

第二章

网络营销实战之定位篇

第一节　产品定位——卖什么

如何做产品定位

从理论上来说，任何商品都可以拿到网上来销售，但由于网络的局限性，决定了目前只有一部分产品能在网上销售。因此，企业要进行网络营销就必须认真仔细地研究商品的属性，科学地筛选适应网络销售的商品，是企业网络营销成功的重要因素。如果企业很少或根本不进行网络营销商品的市场分类，只靠主观臆断，凭借以往的销售经验盲目入网，是很难获得网络市场的。

一般来说，适合于网络营销的商品，按其商品形态的不同，可以分为三大类：实体商品、软体商品和在线服务。不同形态商品的营销方式和销售品种也不相同，企业要根据自己的产品性质选择合适的网络营销方式。表2－1列举了这三类商品及其基本特征。

表2－1　三种商品的基本特征

商品形态	营销方式	销售种类
实体商品	在线浏览、购物选择、送货上门	民用品；工业品；农产品
软体商品	资讯提供	资料库检验；电子新闻；电子图书；电子报刊；研究报；论文
	软件销售	电子游戏；套装软件

续 表

商品形态	营销方式	销售种类
在线服务	情报服务	法律查询；医药咨询；股市行情分析；银行；金融咨询服务
	互动式服务	网络交友；电脑游戏；远程医疗；法律救助
	网络预约服务	航空、火车订票；电影票、音乐会、球赛入场券预订；预约饭店、餐馆；旅游预约服务；医院预约挂号

商家选择好了适合网络销售的产品以后，就要针对网络营销的特征，给自己的产品定位。营销专家认为，商家在进行网络产品的定位时，适宜选择中价位的有市场针对性的匀质产品，同时关注稀有性、独特性产品，并竭力保证产品流通的安全性与畅通性。

由于网络营销所指向的消费者不是所有的社会大众，而是一个特定的消费群体。所以网络销售人员还必须思考产品是否适合网民的特点。根据中国互联网络信息中心的调查结果，经常利用网络的人多是年龄介于 21 ~ 35 岁的学生、知识分子及新兴中产阶级。网络能为企业圈定明确的营销目标客户，这些客户就是热爱网络的、容易接受新生事物、具有前卫消费意识且具有一定知识水平的消费群体。企业和他们之间的电子商务形式无论是产品展示、售前的信息交互、售中的订单方式，还是售后服务的网上电子数据信息流的完成，都会使他们感到新鲜刺激，能够激发他们强烈的购物欲和消费热情。只有抓住了这个消费群体的特征，推出市场针对性的网络产品，才能出奇制胜。

通常在网络营销中给产品定位的步骤如下：

（1）识别竞争性产品；

（2）识别决定产品市场空间的特殊属性；

（3）确定区域市场的人口分布、经济状况、消费习惯、购买特点；

（4）检验竞争性产品定位、自身产品定位、目标消费群需求的产品定位；

（5）创造差异性，选择最佳定位。

网络营销以开放的环境为基础，为现代企业提供了公平而宝贵的机遇。以科学的网络产品定位方法来投放适宜的产品上网是商家制订网络营销策略的第一步，也是其迈向成功的坚实一步。

怎样提炼产品卖点

随着各个产业、行业的日趋成熟，在同一产品定位的层面上，品牌拉力、产品技术，甚至营销手法、推广手段都越近乎雷同时，如何进行差异化卖点提炼就成为营销能否成功的关键因素。所谓“卖点”，其实就是一个消费理由，最佳的卖点即为最强有力的消费理由。或许这样解释我们理解得不够深刻，但是举几个例子我们就会全明白了。比如，提到送礼我们就想到脑白金；提到怕上火我们就想到王老吉；提到看病人我们想到初元……这些能够在消费者的脑海里产生一种思维的定式，一种脱口而出的条件反射的就是产品的独特卖点。

那么，怎样才能提炼出产品的卖点呢？我们提供以下几种方法供参考：

方法一，找产品的优点。我们可以从产品的材质、工艺、功能、细节、颜色、造型、质量、环保、人性化等方面找出产品的优点。然后从这些优点当中找到和消费者核心利益息息相关，最能影响消费者购买决定的点来作为产品卖点。

方法二，第一个提出产品共同具有的特点。很多人认为产品的共性不能作为卖点，其实这种想法是错误的。只要是产品共同具有的这种特点能够影响购买而别人又没有提出来，你就可以把它当做卖点提出来。比如，矿泉水是甜的，这并不是农夫山泉独有的特点，但是这个特点其他矿泉水没有提出来，农夫山泉把它提出来了，这就成了农夫山泉的卖点了。像这种共同的特点一般不会被卖点策划人员关注，但是如果策划得好，操作得当，一样能成功。

方法三，差异化卖点。企业要想在激烈的市场竞争中脱颖而出，必须赋予产品本身独特的卖点，从而引爆市场。事实上，如果产品本身真的缺乏卖点，也并非意味着销售无望。我们可以通过精心策划、创意去赋予产品一定的卖点，从而形成产品差异化，通过差异化再形成产品的竞争优势，照样能让产品变得畅销。

这种差异化的卖点有别于（优于）其他同类或相似产品，要有自己的个性，突出自身特点。要巧妙别致、给人以美感，有寓意、易识别、易记忆、易传播、吉利、不违背习俗，太过直白和哗众取宠均不可取；要能够体现企业精神和产品特质，可延展，可持续。

找到产品的卖点之后，工作并没有结束，还有关键的一步是要用最直接、生动、富有冲击力和记忆点的语言加以概况和描述，并通过最有效的途径传递给消费者，让他们知道、理解、喜爱，并认定“你就是好，就是高档”，这样产品卖点的提炼才算成功。所以你所提炼的卖点必须有能够传递给目标消费者的途径，最好是捷径，如果是花很长的广告时间还不能把你的产品卖点讲清楚，那么这种卖点就不适合做卖点。

怎样撰写详细的产品传播文案

产品传播文案写作要遵循一定的规律，实践证明在网络上的产品传播文案具有自己的独特风格、感觉和写作方式。网络上的产品传播文案写作具有三个主要的特点。

第一，双向互动，个性引导。互动理念是网上产品传播超越传统媒体的本质性特征。网上产品文案写作应针对个性化的网民需求，吸引他们的主动注意和兴趣，采取能够使网民积极参与的文案形式，有效引导网民关注产品信息。由于网络传播的载体基本上是多媒体、超文本格式文件。因此，只要受众对某种产品或服务感兴趣，仅需轻按鼠标就能进一步了解更多、更为详细、生动的信息。

第二，结构独特，标题为王。完整的产品传播文案包括标题、正文、广告语、附文四个部分，每个部分都承担不同的职能，构成产品传播文案独特的结构。

其中，标题是产品传播文案的眼睛，它揭示了文案的主题，在产品传播文案中处于最醒目、最有效、最独特的位置。产品传播文案标题的表现形式很多，有新闻式、诉求式、炫耀式、建议式、悬念式、问答式、标语式、否定式、注释式、陈述式、诗歌式、寓意式、比喻式、对比式、夸张式、对话式、假设式、标语式、故事式等。总之，标题应简洁明了，具有创新性。既要突出产品的重要信息，使利益点对应受众的潜在消费欲望，让他们自觉地对广告内容产生关注和好奇。又要诱导网民进一步阅读文案的正文。在内容上，标题可以提示正文中的信息；在形式上，标题也可以制造悬念，激发消费者的好奇和审美情趣，使他们进一步关注正文。

第三，表现丰富，形式多样。产品传播文案可以运用很多表现技巧，包括文学、曲艺、影视、动漫等。可以说产品传播文案是最有表现力的文体，也是最能体现撰稿人水平的活动。传播文案应该采取多种风格，凡是能够吸引公众、有助于传达产品信息、收到理想效果的风格都可以使用。

另外，要写出一篇详细的产品传播文案并不是一件容易的事情。除了要掌握文案的写作特点外，还要对产品做深入地了解，深刻理解产品对应的需求或者要解决的问题，是写出好文案的关键。

在对产品进行了深入细致的了解之后，要有条不紊地列出产品的要点。尤其是该产品有哪些特点，要向受众介绍清楚。具体来说对产品要点的介绍，可以包括以下内容：

（1）产品和产品所解决问题的简短描述；

（2）简练但更深入的产品功能的介绍；

（3）区别于其他竞争产品的功能或特性；

（4）其他酷功能的列表；

（5）该产品适合哪些人使用，使用这个产品会带来什么好处；

（6）它和其他程序是否能够配合工作，用户是否能导出自己的数据；

（7）如何保证用户在线数据的安全；

（8）如何保证用户的隐私。

产品传播文案写好以后，自己要先读几遍，随时修改不当之处，之后请别人来阅读一下，以便提出有利的修改意见，让自己的文案更加完美。

怎样找到嫁接产品与目标客户的“关键词”

网络营销在继承了传统营销中的产品概念（即企业产品主要包括核心产品、形式产品和附加产品）的基础上，更加重视和依赖信息对用户的引导。这里的信息主要就是指产品关键词。在网络营销当中，选择一个符合潜在客户使用习惯的关键词，是把产品与目标客户联系起来的至关重要的一步。

怎样找到嫁接产品与目标客户的“关键词”呢？操作技巧如下：

（1）从客户的角度出发。站在客户的角度思考客户在搜索该类产品时会使用什么样的关键词。这可以通过市场调查得知。

（2）选择没有被滥用而又很流行的词。查看自己选择的关键词在其他网页上的使用频率，以及 24 小时内在各大搜索引擎上使用的人次。这项工作可以借助 Word Tracker 网络营销软件来完成。选择那些比较流行的，而且竞争对手较少的关键词来做自己的产品关键词。

(3) 把关键词扩展成短语，然后用排列组合的方式改变短语中的次序。通过改变短语中的次序可以获得不同的词语组合，在这些词语组合中选择不常用的组合来做产品关键词。需要注意的是词语重新排序后一定要有与产品有关的含义。

(4) 使用专业概念词汇。为了做到能够明确专业以使词组意义不至于太宽泛，要注意使用专用概念词汇。要做到能够明确专业以使词组不至于太宽泛，如电子商务软件，可以具体到电子商务软件解决方案、电子商务安全解决方案或 B2B 电子商务软件等。

(5) 品牌企业要用自己公司的名字。品牌最有影响力，如果是知名的品牌企业，那么最好的关键词就是自己公司名字再加上所有诉求的相关内容。如果不是名牌企业最好不要用这个方法，因为别人根本不会在关键词中输入你公司的名字，甚至是偶尔看到了，也不知道那是个公司名，甚至搞不懂含义。

(6) 黄金地段可以把地点名字加入关键词。如果你的公司在黄金地段，或者是著名的旅游区域，你可以把地点名字写进关键词组。例如，加利福尼亚棕榈泉杰克·琼斯地产，这里，加利福尼亚棕榈泉房地产就是一个很有用的关键词。

(7) 依靠竞争者的关键词进行联想。把竞争者的关键词搜集起来，想想还有哪些关键词他们没有用到或者是依照他们的关键词你能够联想到哪些与之相似的关键词。但是，千万不要照抄照搬别人的关键词，因为你并不清楚他们如何使用这些关键词。你得自己想关键词，寻找别人的关键词只是对你已经选好的关键词进行补充。

(8) 不要用意义宽泛的关键词。关键词的意义精确才能更好地表达你所要表达的含义，否则就不能突出你的产品的特点或者根本不能清楚地表明你的产品到底是什么产品。比如游乐园，如果仅用“游乐园”受众就不会知道是什么类型的游乐园。如果加上“水上”二字来限定游乐园，那么这个关键词的范围就缩小了很多。

通过以上方法找到的关键词能够在你的产品和潜在用户之间搭起一个有力的桥梁，因此，选择合适的关键词是做好网络营销的非常重要的一步，商家一定要重视。

第二节　目标客户定位——卖给谁

怎样定位你的目标客户群体

企业在制订营销方案的时候所面临的最大问题就是把产品卖给“谁”?也就是确定目标客户群体的问题。我们可能遇到过这样的情形，当你对一款上衣的款式和花样都非常满意的时候，正准备购买，仔细一看，适合的人群是“中老年女性”，一下子你的购买兴致全无。在网络营销当中，客户群体也是有选择的，并不是所有的消费人群都是推广对象，尤其是满足吃和穿方面的产品。恰当的人群定位能够锁定特定的消费人群。

网络营销在定位自己的目标客户群体的时候，要充分关注企业的战略目标，要寻找企业品牌需要特别针对的具有共同需求和偏好的消费群体，寻找能帮助公司获得期望达到的销售收入和利益的群体。

具体的方法就是对网络用户进行细分。可以先从网民可支配收入水平、年龄分布、地域分布、购买类似产品的支出统计等方面进行初步细分，筛选掉因经济能力、地域限制、消费习惯等原因不可能为企业创造销售收入的消费者，保留可能形成购买的消费群体，并对可能形成购买的消费群体进行某种一维分解，分解的标准可以依据年龄层次，也可以依据购买力水平，还可以依据有理可循的消费习惯。由于分析方法更趋于定性分析，经过筛选保留下来的消费群体的边界可能是模糊的，需要进一步的细化与探索。

在大体确定了企业战略目标客户群体之后，还要对这个大范围的目标客户群体进行再次细分，才能够最终定位目标客户群体。

首先，通过综合定性判别结合小规模的客户调查或经销商访谈，丰富已经初步确定的战略目标客户群体分解标准，赋值形成购买驱动/衰竭曲线，如以年龄层次、购买频率、购买支出占可支配收入的额度为分解标准赋值等。

如图 2 - 1 所示，衰竭型的客户类型 C 就应当排除在目标客户群体之外。

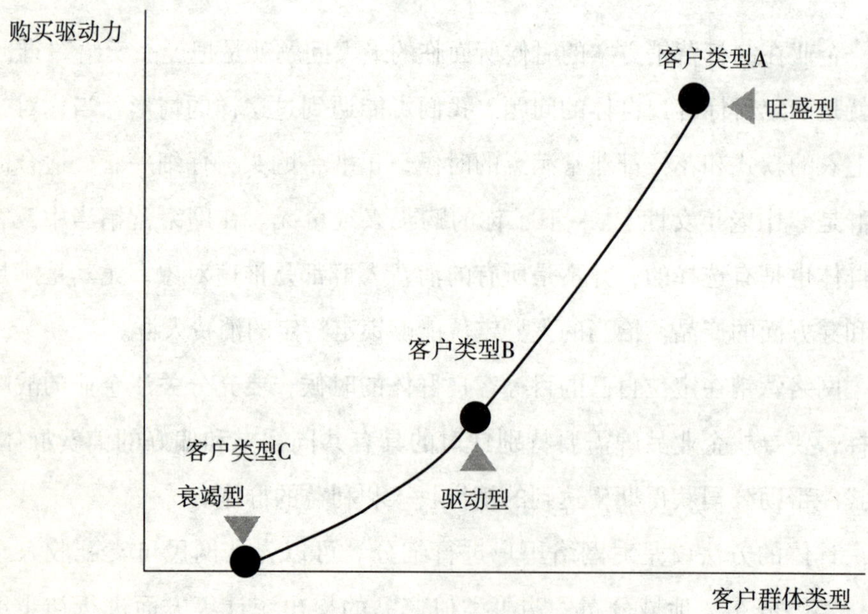

图 2 - 1　购买驱动/衰竭曲线

其次，对所确定的目标客户群体进行排序。也就是找到首要关注对象、次要目标和辐射人群。

首要关注对象是指在目标客户群体中，消费潜力最高的那部分消费者；次要目标是指与企业战略目标有分歧的但能为产品创造重要销售机会的消费者；辐射人群是指处于总体目标客户群体内购买欲望最弱的那部分群体，但他们可以被企业的营销手段影响而形成偶然购买，甚至最终成为固定购买群体。

网络营销最需要关注的客户群体就是其中的首要关注对象，也就是具有最高消费潜力的目标消费群体，他们有四种类型：

（1）经常性或者大量购买该产品的消费者；

（2）刚刚开始接触和购买同类产品的消费者；

（3）对产品有最高期望值的消费者，如女性对于化妆品的需求；

（4）一些使用该产品的老客户，他们能够产生示范效应，影响他人购买选择的消费者。

网络营销如果能够将这些首要关注对象变成自己的忠实消费者，就能给企业带来较高的稳定收益。

当然，这并不是说可以舍弃次要目标，网络营销在开发好首要关注对象的同时也要大力挖掘次要目标及辐射人群，也要把他们列入目标客户群体当中，只是工作的重点要放在首要关注对象上。

如何提炼出目标客户的特征

网络市场上有成千上万的消费者并且迅速增加，他们有着各自的心理需要、生活方式和行为特点。识别客户的个性特征对于企业深入理解和准确判断客户在购买决策过程中的行为方式有着重要的作用。提供消费类产品和服务的企业经常以客户对产品和服务的购买决策特征来划分客户。

企业面对着消费者千差万别的需求，由于人力、物力及财力的限制，不可能生产各种不同的产品来满足所有顾客的不同需求，也不可能生产各种产品来满足消费者的所有需求。为了提高企业的经济效益，有必要细分市场。

目标客户的特征是网络市场细分的内在依据。只有明确了目标客户的特征，才能了解目标客户的需求、习惯和购买行为并以此为依据制定正确的营销策略。

如何提炼目标客户的特征？

1. 依据网络销售吸引的网民的性别

我们知道无论是在国内，还是在国外，男性公民都是网络漫游的主要成员，所以我们的目标客户的特征就是男性居多。企业的产品要想在网络上打开市场，必须能够抓住男性公民的购买欲，或者能够吸引男性公民为女性购买。耐用消费品和不动产，如汽车、摩托车、房屋等，都是男性公民注意的对象。

2. 依据目标客户的年龄

美国乔治亚大学曾对网民使用者的年龄做出过调查，据调查显示：中青年消费者，特别是青年消费者在使用网络的人员中占有绝对的比重。青年人喜欢的摇滚歌星唱片、游戏软件、体育用品等都是网络上的畅销产品。这类市场目前是网络市场用户最集中的地方，也是商家最为看好的一些市场。

3. 依据文化水平

由于网络应用需要一定的文化知识，所以网上的潜在消费者都是具有较高文化水平的人，其中教师、学生、科技人员和政府官员比例较高。正是因为这个原因，计算机软硬件的销售非常好，网上书店的生意也十分红火。美国著名的亚马逊网上书店的成功便是这方面的典型实例。这个书店的检索系统拥有世界250万种图书，每天“光临”的顾客近百万。

4. 依据目标客户的收入水平

上网用户的收入大都在中高收入水平上，否则难以支付上网费用。近两年来，随着互联网的普及，对收入的要求有所降低，但对很多低收入阶层来说，上网的时间很少。瞄准中高收入这一市场，就需要推出中高档的产品或服务。旅游产品和服务在这类市场中大有作为。人们喜欢在舒适的家中就能够方便地读到有关旅行目的地的信息，了解预定客房的情况，以及有关时间、机票的情况。很多旅行社正是利用这些需求，建立网络主页提供免费旅游资料和异国风情的图片。

5. 企业的体制与性质

对企业采购者来说，企业体制与性质不同，其采购心态也不同，国有和民营就体现出明显的差异性，采购人员的利益趋向、职业道德、职务角色、管理制度约束等因素都是市场销售要仔细分析的要点。例如用户购买笔记本，有要国产的，有要进口原装的；有的不惜品质的可用、够用、实用性，一味追求高价格；有的为了追求低价格，而不顾产品的使用性。

提炼目标客户的特征简单地说就是对目标客户进行归类。如果能够清楚地了解目标客户属于哪类人群，那么就能够轻而易举地找出这类客户的特征。

研究目标客户在互联网上的分布规律

企业和网站推广人员在不断的实践当中总结得出，目标客户的认定和细分，是企业营销的成功法则，离开对目标人群的有效评定和分析，就会远离企业营销的根本，营销目的就无法达到。

市场的发展变化要求企业的生产和营销必须以客户为导向，以客户需求为核心，所以我们一定要在弄清楚客户的需求之后再进行网络营销，否则会事倍功半。

要了解客户的需求就要研究目标客户在互联网上的分布规律，以便于对其进行充分调研和分析后做出有针对性的产品推广宣传。

了解目标客户在互联网上的分布规律首先要知道目标客户从什么地方容易进入网站，一般的用户是通过搜索引擎去搜索相关产品，无意间闯入的，所以，要想潜在用户可以直接进入企业的网站，就得做 SEO 了，让企业网站登录在各大搜索引擎中，这样就可以解决目标人群的入网问题。了解进入自己网站的客户的情况很容易，只要统计一下客户的信息就可以了。要想了解目标客户在整个互联网的分布规律就没那么容易了，这需要对所有网站上的用户做出统计和分析，我们可以利用类似于百度（www. baidu. com）、中国商机在线的网站来搜索所需要的信息。

具体来说要统计以下客户的基本信息：

性别：我们的目标用户以男士为主还是女士为主。

年龄：我们的目标用户大概是什么年龄层次。

职业：这些人大致从事什么职业。

城市分布：我们的目标用户主要集中在哪些地区或城市。

学历：我们的目标用户大概都是什么学历，因为受教育程度的深浅直接决定着他们的购买行为。

爱好：每一类群体都有大致相同的爱好，这是进一步了解我们目标用户的突破口。

消费习惯：是否习惯网上购物，喜欢买打折商品还是品牌商品等。

收入情况：这些人大致的收入范围是多少。

行为特征：如上网是否喜欢看文章、逛论坛，还是看视频。

收集到了这些基本信息以后，还要对这些网络用户进行细分，找出哪些用户是我们的潜在消费者（也就是对我们的产品有需求的人），这些人就是我们的目标客户，然后再对他们做一个统计分析，这样就比较容易发现他们在互联网上的分布规律了。

目标客户搜索哪些“关键词”能找到你的产品

想要让目标客户搜索到你的产品就要给产品选择目标客户经常搜索的关键词，因此，企业要做好网络销售一定要了解客户的搜索方式，然后根据客户的搜索方式来设置不同形式的关键词，让客户无论通过哪种方式搜索都能找到你的产品。

搜索引擎在人们生活中已经不可或缺，我们多用来寻找与生活相关的信息。而且与搜索引擎之间的互动也更多，有时候，我们并不是搜索一次就可以获得结果，可能是两次、三次、四次才最终到达目的地，这也就是搜索引擎提供众多结果的原因，需要理解用户体验，从用户角度不断完善搜索引擎也将成为搜索引擎的重要任务之一。

调查数据显示，73%的潜在用户习惯采用组合关键词进行查询，因而我们可以着重考虑关键词组合的优化。我们首先选取的是目标关键词，目标关键词是你的站点首页要考虑或者是要确定操作的重点关键词，一般我们做1～3个，并且这1～3个关键词要具有相关性。这个目标关键词必须符合3个要素。第一个要点是这1～3个关键词必须是该行业流量最大的，第二个要点就是这1～3个关键词不仅仅流量要大而且要有高转化率，第三个要点就是考虑选出的这些关键词一定要具有很强的相关性。

此外，还有一个最直接的了解客户搜索词的办法就是在所有与客户沟通的时候注意收集客户搜索词的信息。如在客户回访时，补充问一下：您是通过搜索什么词找到我们的？

第三节 赢利模式定位——怎么卖

你的产品适合选择什么样的赢利模式

现在网络是商业活动的主要阵地之一。由此产生了新的经营模式，即各种网站经营模式，相对应地也产生了多种电子商务网站的赢利模式。以下是几种最常见的赢利模式：

1. 通过网站销售产品

通过网站销售产品使网站可以直接获得赢利。目前我国的电子商务模式大致可以按照交易对象分为五类：商业机构对商业机构的电子商务B2B，商业机构对消费者的电子商务 B2C，商业机构对政府管理部门的电子商务 B2G，消费者对政府管理部门的电子商务 C2G 以及消费者对消费者的电子商务 C2C。虽然一些更新颖的模式如 B—B—C 已经出现，但要想大规模发展起来还需要经过比较长的一段时间的成长。而 B2G、C2G 是政府的电子商务行为，不以赢利为目的，主要包括政府采购、网上报关、报税等，对整个电子商务行业不会产生大的影响。因此，企业通过网站销售产品最常见的是 B2C、C2C、B2B 这三种商业行为的电子商务模式。

①通过网站销售别人的产品（C2C 和 B2C 模式），例如，淘宝（www.taobao.com）、京东商城（www.JD.com）、当当（www.dangdang.com）等，从成功交易中抽取佣金。②通常的 B2C 网上零售大概有两种操作方

法，一种是您自己经销的产品，通过互联网销售；另一种则是建立一个网上零售的平台，让更多的商家通过此平台销售他们的产品。③通过网站销售自己的产品（含 B2C 模式和 B2B 模式），主要是大多数外贸网站和国内中小企业网站。

2. 利用增值形式

彩铃彩信下载、短信发送、电子杂志订阅等电信增值形式是最赚钱的网络赢利模式之一，几乎每个进入全球排名前 10 万位的商业性网站或者个人网站都在通过 ISP（网络服务提供商）来获取经济回报。

3. 在线广告

在网页上插入广告是最主要、最常见的网络在线赢利模式，国内做得较好的是新浪（www. sina. com. cn）、网易（www. 163. com）、搜狐（www. sohu. com）等大型门户网站。很多个人网站也是主要依靠其他企业在本网站上做广告来赢利的。

在视频开始之前播放广告。喜欢看网络电影的人都知道在等待影音载入时的等待时间内往往会先播放一些广告，这就是新兴的在线短视频网站通过播放广告主的广告来赢利的模式。

4. 注册会员收费

通过网上注册会员收费是网站赢利模式之一。给注册会员提供与免费会员差异化的服务，阿里巴巴（www. Cn. alibaba. com）就是以这种方式赢利的。

5. 网络游戏运营、虚拟装备和道具买卖

喜欢在线玩游戏的朋友，都知道有很多网站通过网络游戏运营、虚拟装备和道具买卖来赢利。例如网易游戏（www.163.com）、盛大游戏（www.shanda.com.cn）、九城游戏（www.the9.com，www.ninetowns.com）及其游戏地方代理运营商。

6. 搜索竞排、产品招商、分类网址和信息整合、付费推荐和抽成赢利

在利用搜索竞排、产品招商、分类网址和信息整合、付费推荐和抽成赢利方面，百度（www.baidu.com）中国商机在线是比较典型的例子。

7. 广告中介

广告联盟网站通过为广告主和站长服务，差价销售广告，获得利润。典型例子是弈天广告联盟（www.unionsky.cn）、Iplus 广告联盟（www.iplus.com.cn）、好耶广告联盟。

8. 企业信息化服务

企业信息化服务的方式主要包括四种类型：

第一种，帮助企业建设、维护、推广网站，如中企动力（www.300.cn）、书生（www.booksir.com）等进行一站式服务，从代理销售网络实名起家。

第二种，代理销售大公司的网络产品，几乎每个网络公司都在做。

第三种，网络基础服务提供，如万网（www.net.cn）、新网（www.xinnet.com）等，很多规模较小的公司也在做域名注册、服务器托管的生意，收入比较稳定。

第四种，网络营销策划搜索引擎优化的专业顾问公司，如 DM 网络整合营销机构、赢道顾问等。

9. 售卖 Web 网站

当把 Web 网站经营到一定程度，网站有了一定的特色和用户群，自然

会吸引消费者的眼光，那么它很有可能会被像 Google、Yahoo、微软这样的巨头收购，从而实现赢利。

现实网络中存在各种各样的赢利模式以及若干种赢利模式的组合。总结起来，网站赢利的内容是销售产品或者销售服务或者两者结合，营销的方式区别是第三方网站销售或者企业自有网站销售。随着经济的发展，网站的赢利模式也会日新月异，企业要不断地创新，寻找适合企业自身经营环境的赢利模式。没有最好，只有更好，企业要不断利用新的、能够给企业带来更大利润的赢利模式。

针对你的产品应该采取何种营销策略

营销策略是企业根据客户的需求量以及购买力的信息、商业界的期望值，有计划地组织各项经营活动，通过相互协调一致的价格策略、渠道策略和促销策略、差异化策略、内容策略、人性化策略等，为客户提供满意的商品或服务而实现企业目标的过程。

1. 价格策略

价格是营销策略中最活跃、最灵活、最具竞争力的因素。据 CNNIC 2012 年的一次调查表明，约 43% 的消费者网上购物的主要动机是节约费用和购物时间。网络营销中价格的透明性和可比性，使得网络营销的价格在传统营销的价格基础上有了新特点。

（1）相对统一性

网络营销面对的是全球开放的市场，网络的传播使价格信息打破了地区的封闭性，使得网络营销中的价格有趋同的走向。但由于各国各地区的经济发展水平和购买能力存在差异，加之关税、运输等因素，同样使全球很难实现统一定价。因此，网络营销产品的价格只能是在全球存在差异的基础上的相对统一。

（2）可比性

价格的可比性指客户可以通过搜索引擎等方式，查询到世界各地同类产品比较准确的价格信息，通过比较，然后作出购买决策。客户不仅可以查询到其他厂商生产的同类产品或替代品的价格，还可以了解到同一厂商在不同时期、不同地区的价格信息。这些可比的价格都可以作为客户购买决策的参考。

2. 渠道策略

与传统营销一样，网络营销也面临着如何实现将产品或服务由生产者向消费者转移的问题。我们把促使产品或服务顺利地被使用或消费的有关网络中介组织或电子中间商定义为网络营销渠道。网络直接销售渠道，指企业利用自己的电子商务网站直接实现产品或服务向消费者销售。在网上直销的情形下，企业和消费者直接沟通商品信息，也可在网上完成贷款的支付，而绝大多数企业通过不同区域、不同环节的物流企业来完成商品实体的输送。网络间接销售渠道，一些虚拟产品，如手机充值，我们完全可以通过网上直接转账的方式，这样一方面可以使消费者足不出户就能购买到产品，享受到网络服务的方便，另一方面也降低了卖家的成本，使网络的营销效率进一步提高。

3. 促销策略

网络促销是指通过网络向虚拟的网络市场发布有关产品和服务信息，以激发消费者的需求欲望，刺激消费者购买产品和服务，扩大产品销售而进行的一系列活动。网络促销手段主要有网络广告、站点推广、销售促进和关系营销等策略。企业的产品大多数通过网络进行宣传推广，一般采取的是站点推广的方式来进行。

站点推广的主要方式有：

（1）搜索引擎。搜索引擎的使用率非常高，而目前将企业自己的站点注册到搜索引擎中是免费的。

（2）友情链接。友情链接是指和其他站点合作，在站点的网页上相互放置对方主页的链接，以达到共同宣传的效果。

（3）广告联盟。广告联盟是从友情链接发展而来的一种推广方法，是由网络广告商发起的许多站点之间的互相链接。一个网站加入了某个网络广告联盟，这个网站的宣传链接就会以一定的比例出现在其他所有参加了这个广告联盟的网站中。

4. 差异化策略

网站的差异化和自身特色是企业发展壮大的关键因素，要把自己的优势和特色做好，尤其要体现自己与同类行业、同类产品的不同之处，特别是把产品的优势所在告诉客户，以便在激起消费者的购买欲望的同时，增加企业的销售量。随着网民队伍的复杂性，专业化的趋势会往纵深发展。例如购物网站中，淘宝网就是一个趋势；在新闻网站中，人民网以介绍中国政府以及中国正在发生的重大事件而著名；在征婚网站中，珍爱网最厉害。网站也像普通商品一样，越来越多，多得让人无法从中做出选择，因此，只有布置和排版好自己的专业网站，使其醒目，才能使自己受到消费者的认可。

5. 内容策略

作为一个品牌，是由内容和形式组成的。品牌是由几个文字、几个符号、几个标志组成，这只是形式方面。品牌的内容是提供的实在的服务、对消费者的承诺以及对消费者的忠诚反应。如搜狐的名称起得好听，是中国最领先的新媒体、通信及移动增值服务公司，是中文世界最强劲的互联网品牌，该品牌给人强烈的视觉冲击，几乎无人不晓。最关键的是搜狐的品牌内容：快捷的内容播放，最吸引人们眼球的信息总是处于最醒目的位置，并且随时更新自己的内容库，给人们一种快捷、明了、传递信息的感觉。

6. 人性化策略

网络营销成功还有人性化策略这一重要因素。网络营销也需要把握好人际交流这一关，这会大大提高营销成功的概率。这就需要做好销售前与客户的沟通工作，包括培养网络销售人员，让他们在线与消费者交流，介绍产品的功能，使更多的人有机会知道产品的功能和用途。在产品的制作上，也要尽可能地考虑人性化，使产品便于用户知道如何使用，至少能简单明了地让客户了解产品的使用方法及注意事项。

此外，销售后，要及时询问客户产品的使用效果，认真听取相关的建议，对客户提出的有价值的意见，要认真考虑。对售后产品存在的问题，要及时做好售后维修服务工作，让客户放心购买和使用本企业的产品，以便走上可持续发展道路。

以上营销策略是目前网络上比较普遍的营销策略，企业具体要采取哪种，要根据企业的产品选择合适的最有利的营销策略。

你的产品适合采用什么样的推广方式

随着电子商务的快速发展，很多实体营销向网络营销过渡，越来越多的企业选择网络营销，网络推广的方式也是多样的。对企业来说只要是能给企业网站带来流量的方式，都是不错的，但是也有很多企业由于从事网络营销的经验不足，还不能找到好的网络推广方式，导致盲目营销收益很低。其实，网络推广的方式很多，在互联网 Web1.0 时代，常用的网络营销有：搜索引擎营销、电子邮件营销、即时通信营销、BBS 营销、病毒式营销。但随着互联网发展至 Web2.0 时代，网络应用服务不断增多，网络推广方式也越来越丰富起来，主要有：博客营销、播客营销、RSS 营销、SN 营销、创意广告营销、口碑营销、体验营销、趣味营销、知识营销、整合营销、事件营销等。

我们根据网络推广方式的特点把其分为海陆空三种军种。下面我们就网络推广的需要说一下怎样进行三种军种的建设，以及每种军种适合什么样的产品采用。

1. 海军——整合营销

“海军”推广方式包括：百度知道、百度百科、文库、博客、视频、微博、论坛、邮件、QQ 等。运用“海军”推广方式要注意对传播媒介和营销方法进行整合。选择“海军”推广方式要综合考量网媒公关指标：网媒、博客文章、微博发布量、粉丝数、转载量、费用；网媒软文发布量、费用以及品牌口碑营销指标；百科、地图发布量；问答口碑、文档知识、视频平台发布量、浏览器；论坛、分类信息发布量；B2B、B2C、商务平台发布量、浏览器等。

专业程度高或特色产品适合做“海军”推广的产品。因为专业程度高一点的产品或服务更容易为某一专业话题进行沟通、探讨。特色产品需要让更多的人知道，可以采取“海军”推广方式展现给公众。

2. 陆军——网站运营和优化

网站是网络推广的阵地，是订单成交的机器。网站可以通过获得流量转化成鱼塘，培养潜在客户。

SEO 是一种策略，而不只是技术，在建站之前就要计划好 SEO；预估网站流量 = 关键词指数（每天有多少人在搜索这个关键词）×点击率×关键词个数。网站建设前期的策划及 UED（用户体验设计）都需要重视。

能够拿到网上销售的产品，都需要做网站推广，也就是说网站推广是网络营销的必要选择。所以只要是你的产品适合做网络销售都可以采取“陆军”推广方式。

3. 空军——付费广告

“空军”推广速度快，效果快。比较常见的几种方式是：网站广告、定向广告、竞价广告、网盟广告。

例如选择“空军”竞价推广方式要综合考虑其 SEM 指标：关键词库；网站流量（IP）、页面浏览器（PV）、单位 IP 成本；有效订单量、单位订单成本（单位万元成本）以及定向网站投放指标：千次展示成本；网站流量（IP）、页面浏览器（PV）、单位 IP 成本；有效客户量、单位有效客户成本；有效订单量、单位订单成本（单位万元成本）。

“空军”推广方式适用于销售收割。虽然付费推广花钱，但是见效快，例如百度竞价就在百度快照前面。利润空间比较大的产品或者是市场前景利润空间大，还没有获得认可的新产品都可以选择这种推广方式。

第四节 网络资产定位——成功保障

企业对网络品牌如何要求

随着生活水平的不断提高，人们越来越多地关注品牌，而中国的知名品牌少之又少，很多洋品牌发现了中国的这一市场需求，纷至沓来。他们凭借着世界一流品牌的优势横扫天下，品牌力时代真正来临。在这样一个时代，每一个企业都需要加强品牌的建设和运营，电子商务企业也不例外。

网络品牌创建对企业起着举足轻重的作用，是企业整体品牌的组成部分。如何在网络市场空间创建企业自己的品牌是目前很多企业非常关注的问题。

企业网络品牌创建是一项系统工程，必须纳入企业发展战略体系。网络营销专家建议创建网络品牌注意下面几个方面：

1. 选择合适的域名

选择合适的域名可以提高企业的被识别和选择概率。域名在互联网上可以说是企业形象的化身，是企业在网上虚拟市场环境中进行商业活动的标志，是品牌资产的一部分。构建网络品牌首先要选择合适的域名，域名的选取通常应考虑以下几个方面：

（1）与企业已有商标或企业名称具有相关性。如果能将企业名称与域名统一。可以营造出完整立体的企业形象，不但便于消费者在不同环境都能准确识别，而且双向的宣传可以起到相互促进的作用。

（2）简单易记易用。域名不但要容易记忆识别，还应当简单易用。如果域名过于复杂。则会影响顾客使用域名的积极性，因此简单易记易用更容易博取顾客的选择和访问机会。

（3）多个域名。由于域名命名的限制和申请者的广泛，极易出现申请类似的域名，减弱域名的独占性，导致顾客的错误识别，因此企业一般要同时申请多个类似相关的域名以保护自已。

（4）国际性。由于互联网的开放性、国际性，使用者可能遍布全世界，域名的选择必须能使国外大多数用户容易记忆和接受，以免失去开拓国际市场的大好机会。

2. 做好网站建设

就网络消费者而言，公司的网站就代表了公司本身，网页之间的连接顺不顺畅、速度快不快、提供的资讯品质好不好等，都会影响到网络消费者对企业网络品牌的看法。做好网站建设应注意以下几点：

（1）网站应反映企业的意图、使命以及目标。网站提供了建立在线品牌的构思和创意基础，对于建立一个强大的网络品牌来说，需要在网站的视觉设计、导航系统及服务中看到其所反映的核心信息。

（2）网站应具有较高的交互能力。与客户及时有效的沟通是提高品牌生命力、维系品牌忠诚度的重要环节，网站的交互能力则是维系网络品牌忠诚度的基础。通过提高网站的交互能力，企业可以和客户进行很好的交流与沟通，及时答复客户的意见，从而获得客户的好感和信任，增强客户对品牌的忠诚度。

（3）提高网站运行速度。由于网上消费者对网站的选择机会大大增加。如果在短时间内企业网站不能向其提供信息，消费者将会选择另一网站。因此，企业需要不断提高网站运行速度，以便用户可以很快地查看需要的内容。

3. 运用多种方式传播网络品牌

网络品牌传播可以在网上进行，也可以离线宣传，企业需要保证自己的品牌最大可能地扩大影响，建立起品牌知名度。现在，许多企业在离线广告时已经习惯在画面上标上自己的网址。进行品牌网上传播也可以有很多方法，在搜索引擎中登录是最基本的，也可以在各个论坛及 BBS 上发布自己网站的消息。此外，还可以利用电子邮件、网络广告等方式向用户传递信息，进行品牌推广。

公共关系也是品牌传播的有效手段。广告可以让企业快速建立网络品牌在大众中的知名度。而公共关系则像电脑后台运行的系统优化程序，疏通着关系。建立投资商，广告主的信心，凝聚员工的士气，影响传媒的倾向。因特网上的公共关系涉及的对象有网站的访问者、企业的合作伙伴、行业协会等。通过信息资源共建的方式，企业间的良好合作关系将使彼此得到更多的利益，同时企业通过向客户提供综合性的服务从而在客户中树立起良好形象。需要注意的是，由于互联网传播的广泛性，企业必须审慎对待有损企业形象的信息，因为网上传播的影响力是巨大的。比如 Intel 公司 Pentium 芯片的 Bug 被发现后，由于 Intel 公司的掩盖，致使发现者在网上到处广为传播，最终，Intel 公司不得不花费巨资收回已售出芯片，来维护企业形象。

总而言之，在网络经济时代，传统品牌将在今后逐步发生转变。从而具有更加浓烈的网络特征。因此，做好网络品牌的创建将会对企业产生深远的影响。市场的扩张应该是永无止境的，因此，创建品牌也必将是终身事业。在瞬息万变的网络世界中，只有掌握住这个不变的定律，才能建立起永续经营的基石。

企业准备构建哪些网站资产

目前网站营销已经成为企业必不可少的、积极发展的商业形式。而网站营销离不开网络，在网络带来的巨大利益的诱惑下，企业也投入更多的资金去抢占网络市场，并保障网络上商业活动的正常运行。这些投入的资金将形成企业的网站资产。

然而，我国的网络利用程度较之西方发达国家还有一定的距离，网络经济的认识程度、网络资产的认识程度也同样远远不如西方发达国家。我国企业利用网络从事商业活动的多，而真正认清哪些是企业的网站资产，企业需要构建哪些网站资产的少。

企业网站资产，一般指企业在互联网上的投资所形成的积累，可以包括域名、网站、网络软件、企业网络客户、企业网络知名度、网站及其他业务访问量、网络品牌形象等，还包括企业用于上网的机器设备等。

从上述定义可以看出，企业网站资产大部分以非物质的形式存在，这些非物质形式不符合传统的无形资产定义。传统观点认为，无形资产主要包括专利权、非专利技术、商标权、著作权、土地使用权等。但是，这些非物质的企业网站资产，或称为隐性的网站资产，却是企业网络营销必不可少的资产。例如域名，随着网络时代的到来，尤其是普通大众融入网络，域名已经成为一种战略资源。出现了全国范围内抢注域名的高潮，其中有很多抢注者是为了牟利，即将一些企业的域名抢先注册，等企业想要购回企业的域名时，收取转让费。如果企业一开始就注册了自己的域名，就不用再花钱从别人的手中购买域名，所以域名是企业网站建设必须要构建的资产。

上文提到的企业网站资产都是企业网站建设必须构建的网络资产，应该被纳入企业网站无形资产的范畴，成为企业网站无形资产构建过程中不可忽视的重要内容。

另外，新形式的网络应用层出不穷，企业网站资产的范畴也应该随着网络应用的发展而扩大。当前网络应用已经不再只有单调简单的网站形式，网上开店、QQ、论坛、博客、微博、播客等一系列应用的出现，虽然部分应用可以免费使用，但是其商业价值却不低，使得QQ号和密码，论坛、播客、博客、微博用户名和密码，网上店铺的名字、使用权限和信用程度等成为同域名一样关键的企业网站资产。所有企业还应该根据网络销售的实际需要，有选择性地构建这些网站资产。

网络商业模式是否独特且可持续化

一个商业模式是运行一个公司的方法，通过该模式的运作，一个公司能维持自己的生存，就是说，能有收益。商业模式意味着一个公司是如何通过在价值链中定位自己，从而获得收益的。就电子商务而言，人们倾向于重用经过检验而可靠的模式。

人们用很多形式对商业模式下定义、做分类。目前，专业人士给出的全面而可靠的分类形式如表2－2所示。

表2－2　商业模式类型

模式类型	详细描述
代理模式	代理商把买方和卖方撮合在一起，并且推动交易行为 。交易的双方可以是企业—企业，企业—消费者，或消费者—消费者市场。代理从他撮合成功的每项交易中收取一定的费用。佣金的计算方式因人而异
广告模式	网络广告模式，拓展了传统的广告媒体。此刻的传播商通常是一个网站，在提供内容和服务时，常加入些条幅广告信息。这些条幅广告可能是这个传播商的主要或者唯一的收入来源。传播商可能是内容的创建者或者内容的发行人。只有当浏览量非常大或者高度专业化时，广告模式才能正常运作

续 表

模式类型	详细描述
信息中转模式	消费者的个人信息和消费习惯的数据是很有价值的，尤其是那些经过细致分析的并用于目标市场营销的信息。在消费者考虑一次采购的时候，独立收集的关于生产商和他们产品的数据，是非常有用的 。有些公司定位就是类似信息中介（信息媒介），辅助买家或者卖家了解当前的市场状况
商户模式	产品和服务的批发和零售商家。销售可能基于价目单或者拍卖形式完成。虚拟商户：一个仅通过 Web 进行操作的公司，提供传统的或 Web 上的商品或服务；目录商户：是把邮购订单迁移到网络订单上的公司，基于网络的清单，提供邮件下单业务；鼠标加水泥：以网店的形式，基于传统的转头加水泥的思想建立的零售模式；比特商户：买卖的是数据类的产品和服务的商户，以纯粹的形式，通过网络完成销售和分销
生产厂商直销模式	这种模式被预言为最能体现 Web 的强大力量，它使厂商直接接触消费者，因此压缩了分销渠道。厂商模式是基于效率的（节约成本，从而可以降低消费者的负担，当然，也可以不降低），能提高客户服务水平，更好地理解客户喜好。这种模式会和厂商已经建立起来的供应链具有潜在的渠道冲突
会员模式	这是和一般化的门户入口模式相反的模式，它寻求对某一站点有一个高浏览量。在会员模式中，人们无论在哪儿上网冲浪，该模式都会为他们提供购买机会。对于会员站点，它会提供金钱上的激励机制（以折扣的形式）。会员站点提供“购买—点击进入”商家。如果会员站点没有产生销售，它对于商家来说就没有产生任何成本。会员模式对于 Web 来说是相当便利的，这也是它为什么流行的原因。存在变化的因素主要包括：标题广告的变换、每次点击付钱及利润共享程序
社区模式	社区模式的发展主要依赖用户忠诚。用户投入了较高的时间和情感在里面。收益则往往来自副产品和服务的销售或者无偿的捐助；再或者收入通过绑定文字广告或者订阅的付费服务。互联网天然地适合社区商务模式的发展并且当前其中较为流行的开发领域，是社会化网络的兴起
订阅模式	这种模式的用户要为访问该站点付费。高附加值的内容是最基本的要求。一般的新闻内容，已被证明不适合用订阅模式。一项调查报告显示，46% 的 Internet 用户不希望付费看 Web 上的内容。某些公司只为订阅者提供免费内容和付费内容

续 表

模式类型	详细描述
效用模式	效用或者需求模式，采用定量的使用或者随用随付的方式。与订阅服务不同，定量服务基于实际的使用率付费。通常来说，定量付费一直应用在必需的服务，例如水、电、长途电话服务

以上是网络销售最常用的几种商业模式，企业只有根据自己的实际情形选择合适的商业模式，才能够使自己的商业模式独特且可持续化。

网络营销团队是否高效而稳健

网络营销是企业的一项战略工程，网络营销战略的实施需要一个配置合理、配合密切、战斗力强的营销团队。一个合适的网络营销团队应该包括网络营销策划人员、网络技术人员、内容创作人员、网络推广人员、网络营销管理人员。团队如何配置要根据企业的营销现状、营销模板、人力、物力、财力综合考虑，拥有了合适的团队，网络营销战略才会事半功倍。

一个高效而稳健的网络营销团队，必须包括以下人员：

1. 网络营销策划人员

这种人员能够从企业的所在行业理解企业战略，理解竞争；有营销的策划能力和整合能力；具备专业咨询顾问的素质，能够有效地说服客户用正确的方式做正确的事业。

2. 网络技术人员

懂得很多网络应用的知识，有丰富的网络开发经验；不一定需要他总是“重新创造车轮”，但要他有创意地利用已有的工具和开源程序，有效地扩展所需要的功能；是一个解决问题的能手。

3. 内容创作人员

创作能力强，喜欢浏览大量的网页并能发现对建设自己的网站内容有利的东西；熟悉软文的推广方式；写作内容具有自己的观点。

4. 网络推广人员

网络推广人的任务就是做网络推广，工作内容包括问答平台、论坛、百度贴吧、百度百科、博客监看以及网站日常维护、文章的每日上传更新、网站数据备份等工作。

对网络推广人员的要求是根据网站或产品写出推广方案；懂得 SEO 搜索引擎优化技术和广告投放；会利用网站推广的常用方法进行推广。

5. 网络营销管理人员

网络营销管理人员要了解各种互联网平台的游戏规则，并且懂得一定的网络营销推广方式。要在尊重老板和老板配合默契的基础上了解竞争对手。会关心下属，理解、支持、鼓励、教育下属。这样的人才才是企业要找的合格的网络营销管理人员。网络营销管理人才条件如图 2－2 所示。

网络营销具备了以上人员之后，还要管理和提高整个团队的执行力，才能达到企业网络营销团队建设高效稳健的目的。

要提高网络营销团队的执行力，企业老板还要做好以下工作。

完善的培训：对项目要有深刻的认识，只有深入的了解，才能全体领会，提高凝聚力。

明确的目标/任务：完善的推广计划，告诉他们我们的工作任务是什么，为什么要这样做。

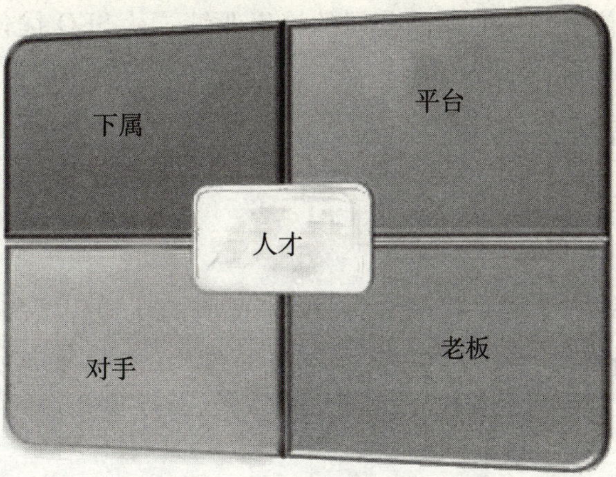

图 2-2 网络营销管理人才条件

岗位描述：给每一个人一个做事的标准，每一条标准都可以量化工作任务，任务要达到什么样的效果。

跟进/控制：在任务过程中及时发现问题，及时帮助伙伴解决问题，同时进行管理约束。

激励执行者：对于活动执行效果好的伙伴，要有一定的激励，精神和物质并行。

网络资产的种类和规模规划

企业网络营销的资产主要有五大类：网站资产、网络品牌资产、模式资产、团队资产、资源资产。

1. 网站资产

网站资产包括主站和站群。主站顾名思义是主要的网站，统领其他分站的网站。

站群就是建立多个网站，将多个和公司相关产品的关键字整合到搜索引擎首页上，这样无论搜索什么产品相关的关键字，公司的网站都能出现在搜索引擎的首页，从而提高公司的销售业绩。从 SEO 优化的角度来说，站群就是 N 个独立站点、独立业务、独立关键字等形成的占领某一行业所有关键字的一种策略。

2. 网络品牌资产

网络品牌资产主要是指网络消费者对品牌的认知程度和品牌在网络市场当中的知名度。

3. 模式资产

模式资产是指企业采用的网络模式。网络模式是指网络与用户的交互方式，主要有四类。

第一类，门户网站。指通向某类综合性互联网信息资源并提供有关信息服务的应用系统。如 Yahoo，Sohu。

第二类，B2C（Business To Customer）。即表示商业机构对消费者的电子商务。如 Amazon、当当网、卓越网。

第三类，B2B（Business To Business）。是企业与企业之间通过互联网进行产品、服务及信息的交换。如 Alibaba、Global Resources。

第四类，C2C（Customer To Customer）。是一种个人对个人的网上交易行为，目前 C2C 电子商务企业采用的运作模式是通过为买卖双方搭建拍卖平台，按比例收取交易费用，或者提供平台方便个人在上面开店铺，以会员制的方式收费。代表网站 Ebay、淘宝。

4. 团队资产

团队资产是指团队班子建设，团队营销战略规划。

5. 资源资产

资源资产包括论坛、博客、百度等高级账户、外链资源、威客、软文发布通道、互联网专业人脉资源等。

在企业网络营销的不同阶段，资产的规模规划也应该不一样。

企业网络营销初期应该完成：

网站建设［形象展示型或网络销售型（名片站）］；

网站优化（搜索引擎无收录、收录少或排名好）；

简单的网络广告及 SEM；

网络整合营销推广等方面的规划工作。

企业网络营销达标期应该完成：

网站建设：销售功能相对具备（网站有客户分类页、产品/服务介绍、广告着陆页或销售页、流量统计分析系统、在线客服系统）；

网络优化：搜索引擎有收录且更新频率高、收录量较大、关键词优化有效（排名靠前）；

网络广告及 SEM：宣传手段多样化、数据统计工作制度化、宣传效果达到量化层级（能放量）；

网络整合营销推广：平台推广有计划、网络品牌有所体现、无负面口碑、已开展以创造咨询量为目的的付费营销推广活动等方面的规划工作。

企业网络营销专业阶段应该完成：

网站建设：营销型功能基本具备：客户分类页、广告着陆页、销售业绩更新、核心竞争优势（选择理由）、成功案例、客户评价/社会评价、交互性、至少三套流量统计分析系统、至少三套在线客服系统、形成站群设计思路；

网站优化：收录量大、排名靠前、高质量链接建设、具备整合营销推广优化（含站外优化）水平；

网络广告及 SEM：工作系统化、数据统计规范化、宣传效果达到精准层次（质和量均有保障）；

网络整合营销推广：平台推广全覆盖、更新频率高、事件/活动营销及网络媒体推广常规化、已实施数据库网络营销、网络品牌突出、网络口碑转化超过20%等方面的规划工作。

本章小结

本章主要讲述了网络营销的定位问题。其中涉及产品定位、目标客户定位、赢利模式定位、网络资产定位。掌握了本章的内容也就是等于学会了网络营销应该选择什么样的产品、该产品的潜在用户有哪些、该类产品应该选择什么样的赢利模式以及从事网络营销需要哪些网络资产。这些都是进行网络营销必须弄清楚的问题，否则网络营销就不会赢得利润。

第二章

网络营销实战之网建篇

第一节 建站“三个”步骤

有很多人想建立自己的网站，但是有一部分人因为不懂建站的步骤就放弃。网站建设是一个系统工程，有其特定的步骤，其最基本的三步是网站规划、功能开发、内容采编。企业网站建设就像是盖房子，只有遵循这个特定的步骤，才能建造出一个满意的网站。

网站规划

网站规划是指在网站建设前对市场进行分析、确定网站的目的和功能，并根据需要对网站建设中的技术、内容、费用、测试、维护等作出规划。网站规划对网站建设起到计划和指导的作用，对网站的内容和维护起到定位作用。

一个专业的网站建立在合理的网站规划前提之下，网站规划既有战略性的内容，也包含战术性的内容，网站规划应站在网络营销战略的高度来考虑，战术是为战略服务的。网站规划是网站建设的基础和指导纲领，决定了一个网站的发展方向，同时对网站推广也具有指导意义。

怎样进行网站规划？可以按照如下步骤规划：

1. 建设网站前的市场分析

（1）相关行业的市场是怎样的，市场有什么样的特点，是否能够在互联网上开展公司业务。

（2）市场主要竞争者分析，竞争对手上网情况及其网站规划、功能作用。

（3）公司自身条件分析、公司概况、市场优势，可以利用网站提升哪些竞争力，建设网站的能力（费用、技术、人力等）。

2. 建设网站目的及功能定位

（1）为什么要建立网站，是为了宣传产品，进行电子商务，还是建立行业性网站？是企业的需要还是市场开拓的延伸？

（2）整合公司资源，确定网站功能。根据公司的需要和计划，确定网站的功能：产品宣传型、网上营销型、客户服务型、电子商务型等。

（3）根据网站功能，确定网站应达到的目的和作用。

（4）企业内部网的建设情况和网站的可扩展性。

3. 网站技术解决方案

根据网站的功能确定网站技术解决方案。

（1）采用自建服务器，还是租用虚拟主机。

（2）选择操作系统，用 Unix、Linux 还是 Window2000/NT。分析投入成本、功能、开发、稳定性和安全性等。

（3）采用系统性的解决方案，如 IBM、HP 等公司提供的企业上网方案、电子商务解决方案，还是自己开发。

（4）网站安全性措施，防黑、防病毒方案。

（5）相关程序开发。如网页程序 ASP、JSP、CGI、数据库程序等。

4. 网站内容规划

（1）根据网站的目的和功能规划网站内容，一般企业网站应包括：公司简介、产品介绍、服务内容、价格信息、联系方式、网上订单等基本内容。

（2）电子商务类网站要提供会员注册、详细的商品服务信息、信息搜索查询、订单确认、付款、个人信息保密措施、相关帮助等。

（3）如果网站栏目比较多，则考虑采用网站编程专人负责相关内容。注意网站内容是网站吸引浏览者最重要的因素，无内容或不实用的信息不会吸引匆匆浏览的访客。可事先对人们希望阅读的信息进行调查，并在网站发布后调查人们对网站内容的满意度，以及时调整网站内容。

5. 网页设计

（1）网页美术设计一般要与企业整体形象一致，要符合 CI 规范。要注意网页色彩、图片的应用及版面规划，保持网页的整体一致性。

（2）在新技术的采用上要考虑主要目标访问群体的分布地域、年龄阶层、网络速度、阅读习惯等。

（3）制订网页改版计划，如半年到一年时间进行较大规模改版等。

6. 网站维护

对服务器及相关软硬件进行维护，对可能出现的问题进行评估，制订相应的对策。

功能开发

电子商务网站的功能关系到电子商务业务的具体实现，关系到企业对用户提供的产品和服务项目的正常展开，关系到用户能否按照企业的承诺快速地完成贸易操作。可见，电子商务网站的功能设计是电子商务实施、运作的关键环节。电子商务网站一般要具有以下功能：

1. 信息发布功能

信息发布功能可实现网上发布企业相关新闻信息、企业产品或服务等相关信息：为用户提供快捷、简便、灵活的查找所需信息的手段和途径。它包括：企业新闻信息发布、产品信息发布和其他信息发布等内容。企业信息发布功能包括对企业经营理念、服务宗旨等对企业形象的宣传，企业组织机构介绍，企业公告信息等内容的发布。产品信息发布功能包括产品分类目录、产品信息搜索等内容，特别是信息搜索引擎，当网站提供给客户的商品和服务信息越来越多的时候，逐页浏览获取信息的方式已经无法满足客户快速获取信息，此时网站搜索引擎则会大大方便客户，从而提高交易的成功率。其他信息发布功能包括介绍与商家所在行业相关的新闻和信息以及其他信息的发布。

2. 商务交易功能

商务交易功能能够实现企业向其客户销售其产品或服务，主要包括用户选购、订单管理、网上支付及用户注册管理、安全验证等功能。其中，用户选购功能包括购物车管理、订单生成、订单查询等内容；用户注册管理功能包括用户注册、更改注册等内容；安全验证功能包括用户登录和注销等相关内容。

3. 信息交流功能

信息交流功能有利于企业实现及时收集并分析消费者的反馈意见来改善其经营管理策略，提高服务质量，进一步促进企业的发展。交流功能具体包括提供聊天室、BBS、客户反馈意见、E-mail 联络等交流方法，实现包括有关产品的评价、意见反馈、服务投诉、客户与客户之间交流等功能。

4. 内部管理功能

内部管理功能主要针对企业内部，该功能提供有效信息和日常的业务管理。它包括企业内部业务管理、网站管理与维护、客户管理等。其中网站管理与维护功能包括网站页面日常调整、修改、数据库及常用数据的日常维护，网站流量统计分析、客户的订单管理等功能。在设计规划内部管理功能中，关键是通过网站实现企业内部各种管理功能的优化整合及管理信息的整合和共享，以及依据网站特点的管理流程，实现管理模式的变革并促进管理水平和效率的提升。

以上是做网络营销的网站必须具备的一些基本功能，网站的功能还有很多，这要根据企业实际的销售需要进行开发。

内容采编

如果你经常逛网店会发现好多网店的内容都很雷同，有些网店内容相似度可达百分之八十以上，看到这样的网站根本就不会花更多的精力去了解其内容了。

网站内容相似不但会使网络营销失去竞争力，还会受到百度搜索引擎的惩罚。百度对网站内容重复或者是复制其他网站内容的惩罚很严重，会导致网站排名下降、收录减少等。如何做好网站内容的采编工作呢？这就需要注意以下几个问题：

1. 提高采编内容的质量

内容采编在重视数量的时候更需要注意内容的质量，质量至上。质量好的内容，即使少一点也会对受众产生吸引力。陈词滥调越多越会给读者带来视觉障碍，不但不会吸引读者，还会给读者带来反感，致使光临过网店的人不会再次进入网店。

2. 选择好编辑

要提高网站的内容质量，首先要提高编辑的水平，不能随便派一个人去做网站内容采编。做网站编辑的人员应该有一定专业理论知识、一定的文字功底。还要对其进行行业理解、采编文章价值识别等方面的培训，以便于网站编辑能够准确把握用户的需求，采编一些有意义的文章。

3. 建立原创栏目

再好的内容人们也不喜欢重复看，因此做好网站内容还需要建立自己的原创栏目。原创不仅是 SEO 倡导的核心，也是提升网站内容的根本途径。只有原创的内容，才能显示出自己网站的特色。原创的东西给企业带来的权威度和可信度是照搬和整编别人的内容所不能及的。

当然了，原创并不是说要每个网站编辑天天出去采访，然后写稿子。原创的途径很多，包括在线征稿、企业专栏、专家专栏、特色系列等。

4. 找到好内容

网站编辑最主要的工作还是采编内容，如何采集到好内容才是内容采编最重要的工作。当然了，能采集到原创内容是最好的，一般来说可以到报纸、杂志、科研论文、网站、论坛、QQ 空间、搜狐、网易等网页上采集原创内容。

如果没有原创内容，那就要找一些新颖的内容，读完之后能够让读者感到有与众不同的地方。新颖的内容可以选用题材新、思绪新、视角新、观念新、写法新、构造新、言语新的文章。

除了“新”之外，网络编辑还要多关注“深”的文章。随着人们文化水平的不断提高，科学技术疾速开展，世界相对变得越来越小，很多事情的发作、事态的开展，与每个人的切身利益密切相关。特别是社会主义市场经济的今天，新旧观念在不时撞击，新生事物层出不穷，外面的世界很精彩，外面的世界很复杂。人们不再满足于“怎么样”，还想知道“为什么”，在这种状况下，采编内容的深度就成了一个不可无视的元素。

在编辑采编到内容之后，还要对其进行加工，力图标题醒目、图文并茂，为读者带来心旷神怡的感受。“标题是文章的眼睛”，好的文题常常能给人以“未饮先醉”的感觉，从而深深地吸引读者。文字自身并不是音符，但假如我们能巧妙地排列组合，它就会腾跃出美的节拍，回荡起美的旋律。

第二节　实现“三种”力量

企业要借助网络平台，开拓新市场，树立网络品牌，就要建设具有良好客户体验的集公信力、销售力、传播力于一体的营销型网站。公信力、传播力和销售力是营销型网站和普通网站的根本区别。只有具有这三种力量的网站，才会得到客户的青睐，也才能实现企业的销售目标。

公信力

企业网络营销要取得客户的信任，网站就要有公信力。只有具有公信力了，客户才愿意购买你的产品，如果客户对你不信任，再好的产品或服务都难于获得客户的认可，所以一个成功的营销型网站必然是一个公信力很强的网站。

企业网站任何一个微小的细节都有可能影响到客户对企业产品或服务的认识。例如网站信息不全，缺少对产品的详细介绍；网站上没有企业的固定联系方式；网页长时间没有更新，等等，都会减小网站的公信力，所以企业网站一定要重视这些小问题的建设。

很多企业都非常关心提高网站公信力需要注意哪些问题，下面就做一些简单的介绍。

1. 网站的整体设计

网站的整体设计能够给人留下深刻的第一印象。有些网站设计得精美，文字和图案的设计都很新颖，看过之后给人心旷神怡的感觉。而有的网站无论是字体设计，还是颜色搭配都显得乱七八糟，让人看得头晕目眩。所以企业在进行网站规划的时候，一定要注意网站的整体设计，给人留下美好的第一印象。

2. **“自我”介绍**

企业网站一定要有对本公司详细的介绍，如果客户连你的公司情况都不能了解，怎么敢购买你的产品呢？所以企业网站一定要详细介绍一下自己公司的背景、文化、规模等。

3. **联系方式**

如果仔细观察不难发现，有的网站联系方式只有手机号码，有的网站联系方式只有公司地址，或者是固定电话。这都是不正确的做法，都会影响客户对网站的信任度。只有手机号码，客户不知道公司的固定联系方式，不知道你公司的具体地址会很不放心去购买。只知道公司的固定联系方式，又不方便客户随时打电话询问购买。

还有的网站把联系方式放在一个不起眼的小角落，顾客找都找不到，这样做会影响客户的信任度。

4. **第三方认证**

网站一定要上传一些第三方认证材料，例如奖励、荣誉证书等，让客户从中了解到公司的基本情况，增加客户的信任度。

5. **媒体报道**

如果企业有充足的资本的话可以请一些大型媒体对网站进行报道，资金有限的话可以请搜狐、网易、新浪等大的网站发布几篇报道文章，这都会提高企业的信任度。

6. 荣誉客户展示

利用品牌效应，选择相关行业的知名企业，甚至是关联度很低的企业，哪怕实际只是那个公司的一个普通职员购买了你的产品，你就可以写那个公司是你的客户，这会带来很大的品牌效应。

7. 及时更新

网站一定要及时更新，让人感觉到你的企业很有活力。一些网站的新闻都是很久以前的了，潜在客户进入网站会以为网站内容很久没有更新，企业不是倒闭就是生意暗淡，这样怎么会去放心购买呢？

8. 在线客服

网站在线客服很重要，这可以增加互动，用户有问题可以及时地沟通和解决，可以利用 QQ、旺旺、百度商桥或者 FAQ 等对客户提出的问题进行在线答复，这会让客户感觉你的网站非常人性化，从而提高网站的公信力。

总之要提高网站的公信度就要站在客户的角度想什么样的网站才能让人放心去购买，按照这个原则去设计网站，一定能够提高网站的公信力。

销售力

销售力，永远是公司的顶梁柱。网站有没有销售力，直接关系到公司的网络营销项目的运营情况。网站的销售力远远不是建好一个光鲜亮丽的网站就可以，它与构成网站的每一个细节都息息相关。销售型企业建立网站的最终目的都是为获得赢利，如果企业网站没有销售力就达不到建站的目的，这种网站也就没有存在的必要了。

所以如何提高网站销售力是很多销售型公司非常关注的问题，那么怎样才能提高网站的销售力呢？对此，业界总结出了以下方法：

1. 充分发挥图片的作用

图片是最具有震撼力的，能够充分发挥网站的销售力，经常在网上进行买卖的朋友都会知道，产品有没有图片会对生意产生很大的影响。

2. 很容易联系的方式

如果客户联系不上你，销售根本就无从谈起，所以营销网站必须注明自己联系方式并且要确保用户随时能够联系上你。

3. 充分利用好副导航栏

副导航栏一般是产品分类，如果产品比较少的话，可以直接把几个产品作为导航栏去推广，这样效果会更好。每个主产品下面再分别优化其对应的长尾关键词。

4. 明确核心产品的卖点

首页一定要提炼自己产品的核心卖点，比别人好的是哪些方面，总结出来，形成文案，这样用户才会一目了然，很清楚地了解到你的产品的优点，从而用力地影响客户下决心购买。

5. 优质产品展示

企业要把产品的场景（产品适用的地方，比如酒店）拍摄下来，展示产品的说明书、产品内部分拆，特别是电子、家具这类产品，要把其内部结构一一展示出来。如果是单纯地放一张模糊的照片，客户不能清楚地了解产品的功能、内部结构和使用方法，就很难下购买决心。

6. **网站整体设计要有冲击力**

网站视觉一眼就能看出来，所以网站的设计必须要有冲击力才会给受众有好的视觉感受。这样才能提高他们对网站的信任度和对公司形象的认可。所以在设计网站时，首先要从目标受众的审美角度着手，要考虑网站整体视觉、色调、布局等协调性和设计的视觉冲击力。

7. **引导用户体验**

网络用户刚一进入网站会先浏览网站中比较醒目的版块，然后一步一步地看下去。因此，企业网站的设计必须要有引导性。有逻辑性的设计能够引导受众全面地了解网站信息。

网站的销售力，依靠的是网站的整体效果，如果一些小细节做不好，同样会影响网站整体的销售力。所以，企业网站要提高销售力就要重视网站每个小细节的设计，网站建设做到细致入微，既能方便客户的购买，又能给企业带来赢利是一举两得之事。

传播力

网站传播力，说得通俗点，就是网站有没有吸引力，能不能让用户给你免费去传播，收藏你的网站做你的忠实用户。传播力决定影响力，加强企业网站传播力建设，能够增加企业收益。

如何提高网站传播力呢？要建立传播力的构成要素如下：

1. **社会化媒体建设**

如微博，SNS 社交网络的分享元素，分享点评类网站点评元素，部署

IM 系统和 EDM 系统，使用网摘、网络收藏夹，启用 RSS 订阅系统等。

2. 通过活动策划、鼓励传播

其实不管是卖产品还是服务，都可以搞优惠活动，只是方式不同而已，没有什么产品或者服务是不适合搞活动的，比如全场免运费，满 200 元送 30 元礼券，或者搞个独特的赠品，这个其实更有吸引力，比如带有 logo 的纪念品，有些用户会因对赠品感兴趣而去购买产品。

3. 创造病毒源模式

如制作精美电子书，供大家转发、下载和分享。

4. 借力意见领袖，培养种子会员，鼓励传播

如京东商城采用金牌会员政策，激励金牌会员为保留会员资格，会不断帮助、代替亲朋好友购物，起到宣传京东商城的目的。

以上是提高网站传播力的四大常用方法，企业可以根据自己的实践总结其他的一些方法，只要是有利于提高网站传播力就可以。

第三节　回答“六个”问题

随着网络的普及，网络营销成为企业的必经之路。众多的企业参与到网络营销当中来，必然会加剧网络营销的竞争。营销型网站要想在激烈的竞争当中取胜，就要回答以下“六个”问题。网站只有明确这“六个”问题，才能掌握营销的策略和方法，才能把握自己的发展方向。

卖什么

网络营销作为一种特殊的营销方式，并不是任何产品采用它都能取得成功的，它具有一定的局限性，因此，在开展网络营销之前应了解网络用户特征，须确定网络营销适用的产品。

当前电子商务发展的现状表明，不同种类的产品在网上销售额的比例有很大差别。鉴于网络营销有别传统营销的特点，商家必须考虑产品在网上交易的难易程度及价值大小，有选择性地将适宜的产品放到 Internet 上进行营销。那么，进行网络营销需要考虑商品的哪些因素呢?

1. 价格

虽然网络营销使企业经营成本大大降低，但从交易成本的角度来看，由于在 Internet 上买卖商品需要加进付款系统和安全环境的保证，还是有一定的交易成本的。价格太低的产品在网上交易不符合经济效益。特别是对于消费者来说，如果邮寄费、手续费与商品本身的价格相当甚至拔高，那么潜在客户会认为在网上购买这样的产品太不值，所以放弃购买。

2. 匀质性

匀质产品是那些以商品的内容和品牌为核心的产品，消费者购买决策时并非必须对产品试用。书籍、鲜花、音像制品、计算机外围设备及计算机软件等即为匀质产品。而诸如衣服、眼镜等需要试穿试用的商品则为非匀质产品。匀质产品信息扮演的角色头等重要，消费者对它的关注也更多地集中在内容上。网络营销便在消费者和信息之间搭建了一条高速公路，使消费者通过目录检索感兴趣的产品来购买，能为他们节省大量时间和精力，所以营销效果好也易于实现。反之，需要试穿试用的非匀质产品在网上营销的难度比较大，效果也不佳。

3. 稀有性

一些特殊用品因为其需求用户零散和稀少或者商品本身比较稀缺，建立物理店面的成本非常高，价格比较昂贵，且只在极少数经营点销售，消费者即使决定购买也不得不千里迢迢到专卖店或者通过邮寄的方式实现。而网络营销直接面向全球大市场，没有时间、空间、地域、国别的限制，又能减少市场壁垒和市场扩展的障碍，其网络优势能很好地发挥在这些特殊用品上。因此，消费者在一般商店不易查找，而网络能给其极大便利性的稀有产品较适合网络营销。

4. 独特性

网络营销是一种以消费者为导向，强调个性化的营销方式。企业在为产品定位时应充分考虑到这一特点，选择能让消费者参与设计能给他们更大自由和发挥空间的独特的产品。例如，海尔为用户提供可按用户个人喜好定制的独特的电冰箱；美国一家销售牛仔服装的网上商店，给顾客提供可利用 CAD 软件自行设计的独特的服装。当然，网络营销独特产品需要计算机辅助设计（CAD）、人工智能（AI）、遥控等技术的发展，也要求现代企业具备以较低成本进行多品种小批量生产的能力。

5. **畅通性**

互联网使厂商可以和顾客适时完成买卖活动，但滞后的物流配送仍是制约网络营销发展的瓶颈。因此，无须经过物流过程，只要点击鼠标就能瞬间获得的服务和产品便理所当然地成了网络营销的重头戏。一般来说，消费者更愿意购买畅通的服务和产品，省去实物交割和中间媒介的烦琐。一些网上商家推出的检索卡、游戏卡和电话卡即属于畅通性产品，而网上机票预定、旅游咨询、房地产信息服务等也属于畅通性无形产品，它们都适宜网络营销。

6. **市场针对性**

网络能为企业圈定明确的营销目标客户，这些客户就是热爱网络的、容易接受新生事物、具有前卫消费意识且具有一定知识水平的消费群体。企业和他们之间的电子商务形式无论是产品展示、售前的信息交互、售中的订单方式，还是售后服务的网上电子数据信息流的完成，都会使他们感到新鲜刺激，能够激发他们强烈的购物欲和消费热情。只有抓住这个消费群体推出有针对性的网络产品才能出奇制胜。

企业在选择网上销售的产品的时候，一定要考虑商品的以上因素，如果产品不具备以上所提出的几点特征最好不要拿到网上来销售。

顾客来干什么

网络营销的目的是赚钱，但是如果眼里只看到这一目的往往赚不到钱。网络营销和传统的营销一样，要想赚钱就要长期性地给顾客提供完美的服务和更佳的商品。

很多时候，生意的成功在于是否能够掌握潜在的良机。有些顾客光临网店是为了购买你的产品，而好多顾客都是来逛逛的，是来参观或者是来货比三家的。很多网络销售人员以为顾客只是来观光的，不会带来销售，这种想法是错误的。顾客来你的网店就是给你提供了销售的机会，这要看你怎么把握住这潜在的良机了。假如你开的是网络服装店，为顾客推荐好衣服后，不要马上指望顾客立刻购买，因为购买者都喜欢货比三家，面料要好，款式要好，颜色要好，要流行，要时尚。在你向顾客推荐完自己的商品之后，你可以向他们推荐几个友情链接，让客户货比三家之后再决定购买，或许客户会因为你的真诚而更倾向于购买你的产品。即使有些客户没有选择你的产品，他们也会对你的真诚产生好感，甚至会把你介绍给他们的朋友，或许下次有需求的时候就会找到你。由于你的转介绍，客户购买了别家网站的产品，作为友情回报，别的网店也会把你介绍给一些顾客，这些都是潜在的商机，一定要学会把握。

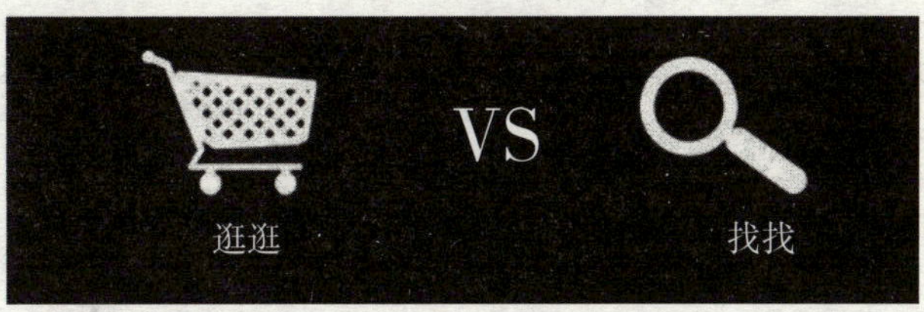

图3-1　顾客逛网店行为

客户不带消费目的地逛店，并不代表他们没有消费意愿，所以网络销售人员要做的就是帮助客户把消费意愿变成消费目的。这就需要在网店的规划上下功夫，网站一定要解决以下问题：

- 满足“逛”的体验；
- 留下深刻的印象；
- 让顾客熟悉产品目录；
- 制订简明的会员制度；
- 要有文化性内容展示；
- 服务展示；
- 让顾客收藏你的网页。

要解决这些问题需要卖家根据自己的实际情况来找到方便快捷的方式。

以上讲的是怎样应对不带购买目的的顾客。而带有购买目的的顾客进入你的网店并不代表一定要在你的店内购买产品。如果顾客初次光临你的网店，他们首先要知道你的店内是否有他们需要的产品，你的产品是否是他们需要的类型。对于这种带有明显的“找找”目标的客户，你除了要让他们快捷地找到所需的产品之外，还可以推荐一下相关的产品。客户逛网店和逛超市一样，你去超市购物，本来是要购买一种商品的，但是看到了另外一种相关的商品你觉得非常值得购买，你就会也购买这种产品。要做到这些，网店需要解决以下问题：

- 在任何一个页面都能方便地使用简洁的导航；
- 在任何一个页面都有固定的搜索条；
- 关键词快速通道（在产品页面功能性强的模块设计一处关键词标签）；
- 设计一个产品关联数据库；
- 正确选择关联模块的位置；
- 设置关联捆绑营销；
- 为关联产品设计专题页。

顾客为什么找你买

随着市场经济的发展，形形色色的同类产品充斥市场，产品同质化是商家不可避免的问题。那么，面对如此众多的商家，顾客为什么要找你购买呢？让客户主动找你购买，这看似更加不可能了。

实际上在网络技术和商业环境发生了巨大变化的今天，尤其是以网络为主体的双向信息传播媒体的出现，改变了人们信息获取的行为方式以后，让顾客主动找你购买也不是没有可能。

当今社会，网络应用已经充斥着我们生活的每一个角落，引发了整个社会的变革。人们的生活离不开网络，有问题上网去寻找答案，已经成为人们的一种习惯。网络搜索成为人们获取信息和了解未知世界的主要渠道。如果在客户需要的时候搜索到了你的产品，那么他就会主动找你购买，这让客户主动找你变成了现实。这就需要企业在关键字上下功夫，让潜在客户轻而易举地搜索到你。

然而，在你对产品关键字下功夫的同时，其他网店也不甘心落后，同样会精心设计自己的关键词。这样客户搜到的卖家就不可能只有你一家了。这就使网络营销同样也面对着产品同质化的问题。在这种情况下就要看你怎么来打动消费者的心了。记得曾经有一篇《六个字让客人蜂拥入店》的文章，讲述的是福州一家服装折扣连锁店策划的广告语，那六个字是“花小钱，穿名牌”，把它做成贴在门店外的广告，消费者大量涌进店铺。这六个字看起来很简单，它却给消费者找到了一个很好的消费理由，因为买折扣服装的消费者图的是省钱，而折扣店的服装又有一定的品牌知名度，消费者觉得我花的钱少，买的服装也可以在一定得场合穿着，不买这种服装还能买什么？

由此可见，只有给顾客一个购买的理由，顾客才可能找你购买，否则顾客是不会和你做生意的。

美国电影《教父》有句经典台词：我将给他一个无法拒绝的理由。凭借这句话，教父科莱昂摆平了所有希望摆平的人。做网络营销其实也一样，罗列一大堆产品的优点，不如给客户找一条无法拒绝的理由。千法万法，不如无法。让客户最终选择你，不是因为你有多么好，而是因为无法拒绝你。

农夫买马的故事大家或许听说过：

> 有一个农夫，想给自己10岁的女儿买一匹马，到市场上看中了两匹马，第一个老板说5000元就可以把马带走，第二个老板说7000元！但是第二个老板接着又说："你可以先不要给我钱，我先帮你把马牵回去，看看你的女儿喜不喜欢这匹马，然后派一个专人教你的女儿和这匹马打交道，教你的女儿和这匹马建立感情，教你的女儿如何饲养这匹马。一个月后，如果你和你的女儿都满意，你再给我钱，如果不满意，我帮你把马槽打扫干净后就把马牵走，绝不收你一分钱！"

如果你是那位农夫会买哪匹马呢？相信大家都会选择第二匹。因为消费者消费过程中都会有5种风险感知：

- 金钱风险（自己买的东西很可能不值这么多钱）；
- 功能风险（也许这个商品不好用，或并不像期待中的那样好用）；
- 生理风险（它看上去有点危险，我可能会受伤）；
- 社会风险（我要是把它买回去，我的朋友们会怎么想呢）；
- 心理风险（我要买了这个东西可能会感到内疚或是不负责任的）。

如果你给消费者的购买理由能够打消消费者的这些顾虑，那么消费者一般不会拒绝你的商品。当然了，让客户无法拒绝的办法很多，这可以在消费实践当中总结。

如何方便顾客购买

在网络销售当中让顾客轻松找到产品，快速了解产品目录，是一条非常具体的操作要求，这样才能让顾客继续浏览你的产品。

如线下商场要重视动线（动线是建筑与室内设计的用语。意指人在室内室外移动的点，连接起来就成为动线，一般在商场等室内设计时会考虑到人的动线习惯）和陈列一样，卖家在线上的页面设计中也要非常重视关于陈列的一些细节，也就是设计常说的用户体验设计。

一般有两种途径，一种是直接进入卖家的产品页面，另外一种是进入店铺的首页。前者浏览完产品页面后如何让其继续浏览其他产品或者进入首页，这是导航和关联模块的设计的目标，这个还不在陈列的范畴内，所以后者是重点要讨论的。进入网站/店铺的两种渠道，基本就是推广和营销！图 3-2 中的（硬广 + 软文 + 口碑传播等）虚线是互相循环的过程，这个是用户体验设计应该关心的问题！如图 3-2 所示。

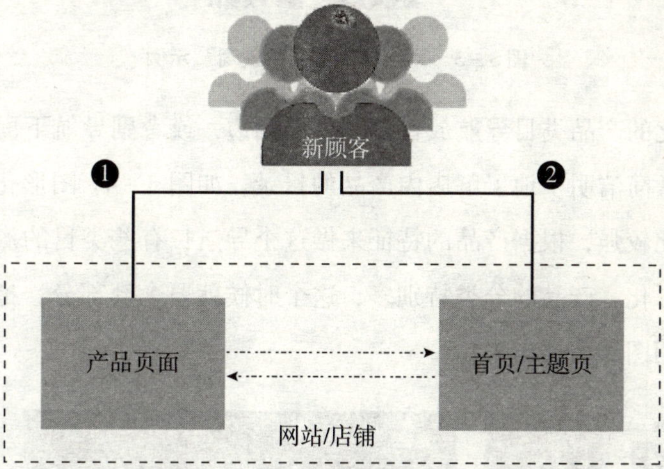

图 3-2　入店的两种渠道

进入首页后，如何让顾客轻松地找到产品呢？网店要做好以下工作：搜索框和店内产品关键词；清晰的图形化产品类目导航；首页三部曲：新款、主推、热款。

注意，这里是根据快消品（服饰、衣帽、鞋包类）实战得出的结论，不适用的商品可以参照修改。

搜索框针对那种网购经验丰富或者资深网络群体，他们不需要直接展示，更喜欢自己去搜索，而关键词的链接则缩短了跳转流程。做这部分工作不难，难点是怎么判断热门关键词，关键词联系着每个产品的标题，所以表面是添加几个关键词，实际上也是一个配套的活儿。如图 3 –3 所示。

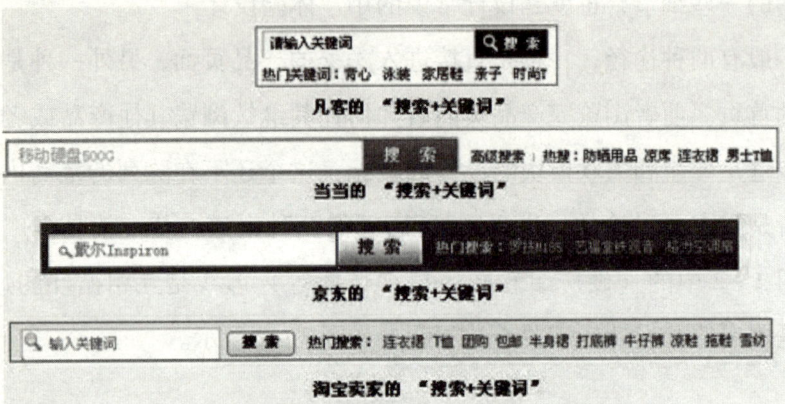

图 3 –3　网店“搜索 + 关键词”示例

图形化的产品类目导航放在首页悬浮侧边，或者副导航下面都可以让新顾客非常简洁明了地了解店内产品的目录，如图 3 –4。图形化的好处就是易读性比较强，根据产品的特征来做这个导航！有些类目的产品可能并不适用图形化，产品的分类特别多，这个时候就要舍弃部分，把最重要的分类尽量用图形表达出来！

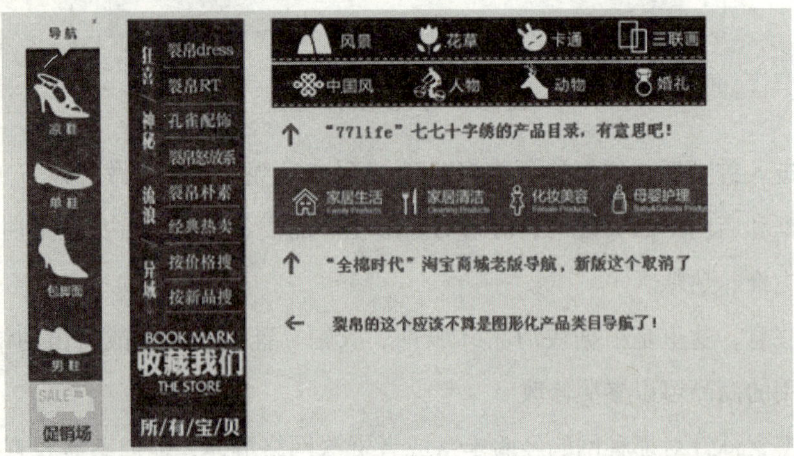

图 3 –4　图形化产品目录

首页三部曲基本涵盖店内主流消费产品，如图 3－5。所以每个区域展示的数量要合理安排，不会让顾客迷失在大面积产品中，忘记产品目录。

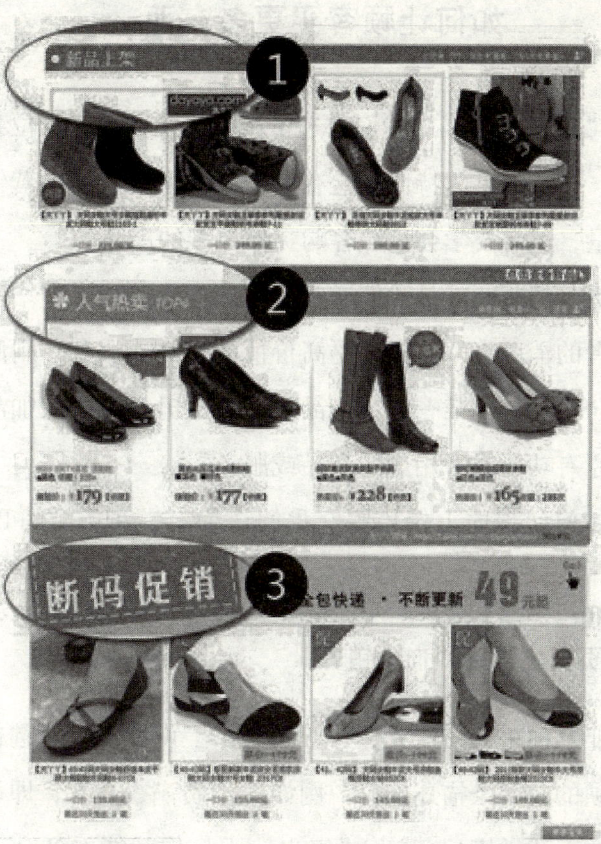

首页三部曲	注意要点：
1.新品预览	1.以上三个模块仅为举例，并不一定是紧挨在一起
2.热卖推荐	2.通常特价促销作为长期销售模块建议放在底部
3.特价促销	3.每个模块展示的数量以220px的缩略图为标准建议4~8个，不宜过多！一定要有“更多”通道按钮

图 3－5　首页三部曲

这里边有两种声音：一种是从商家的角度出发，希望顾客进来后把店内所有产品都看一遍；另一种是从顾客角度出发，帮助顾客尽快找到他们想了解的产品。根据产品的不同，选择不同的策略。如果产品差异不大，则需要引导其尽可能多地浏览产品。如果产品差异较大，则应侧重栏目的引导，小面积地覆盖。

如何让顾客买更多东西

在前面的“定位篇”当中我们讲过了产品定位，通过定位我们能够明确产品的类型，了解产品的特性，这有助于我们采取合适的营销方法。但是要提高销售量，还需要学会让顾客购买你更多的产品。

让客户买更多的东西就是我们通常所说的向上销售，即增量销售。也就是根据消费者的消费喜好，提供更高价值的产品或服务，刺激客户做更多的消费。如向客户销售某一特定产品或服务的升级品、附加品，或者其他用以加强其原有功能或者用途的产品或服务。

网络营销如何实现向上销售呢？我们认为有三种方式可以实现向上销售。

1. 在订购页面上设置“向上销售”

这种方式非常简单，只需要你在订购表格上设置一个复选框，或者是加上关于附加项的一两条描述即可。例如“消费满一百元，即可获得精美礼品一份。是的，我承诺!”或者“点击一下，你就能看到全市最低价的商品都在这里。”

据相关调查，利用这种向上销售的方式可以提高25%的向上销售率。这也就是说，你仅是在订购页面上加了几句话，每四个顾客中就会有一个购买你更多的产品。

2. 使用“中转”界面

把购买框设计成一个中转界面，客户一旦点击了购买框，就会进入到一个新的页面。在这个页面里你可以设置一个特殊的供货承诺——“只限今日”，并且“只需再加×元”，就可以将他们想购买的产品升级到豪华版或黄金版。

例如，客户购买了价值98元的商品，你可以设置一个仅需18元就能获得一个黄金版或者加大版的包装。其实这个销售方式就是只要再付18元就能购买到想要的这个产品的一切。这与消费者已经拿出的98元相比是个很小的数目，大多数消费者都会心甘情愿地再掏出18元的。这种销售的技巧在于，我的产品是98元，而不是116元，但是实际上却销售了价值116元的产品。

实践证明利用这个技巧，可以使你的向上销售额提高68%。只是多设置了一个页面，你却获得了这么多额外的销售额，何乐而不为呢。

3. 推荐一项产品或服务

无论是线上还是线下消费，我们都会遇到销售员向我们推荐产品或服务的情形，这并不少见。网络营销推荐产品或服务可以设置一个页面，在潜在客户浏览网站的时候自动跳出来，上面写着“购买了X的顾客同样也购买了Y”，然后展示许多商品以供挑选。对于客户来说，浏览自己的记录，看看在过去的交易内有没有同样的类型是一件非常乐意的事情。而对卖家来说在订单或者中转页面上写上的“购买了这个手提电脑的顾客也购买了一个精美的电脑包和一个移动网客”，也是非常容易的事情，作为网络营销者来说没有理由不这么做！

在这里需要注意的问题是选择向上销售的产品或者服务的时候，这里的特定产品或者服务必须具有可延展性，追加的销售标的与原产品或者服务相关甚至相同，有补充、加强或者升级的作用，这样才能吸引顾客。如果是一些不相关的产品或者服务，即使你质优价廉，但是顾客不需要也不会去购买。

如何激发顾客转介绍

客户转介绍是开拓客户的一种主要的方法，具有耗时少、成功率高、成本低等优点，是销售人员最喜欢用的优质客户扩展手段。

通过转介绍是开拓准客户最为有效的方法，也是保证营销员不断获得准客户的重要方法。一个网店获得转介绍的多寡是判断其业务是否进入成熟、平稳期的标志之一。但是，客户不会无缘无故地答应给你转介绍，如何让客户去转介绍，这需要一定的方法和技巧。只有让客户对你比较认可，对公司和产品价值的了解比较深刻，对服务感到比预想的还要好一些，客户才愿意帮你介绍新客户。如果你能够让客户在转介绍当中获得一定的利益，那么他们会更加乐意帮你转介绍。

只要你能提供客户满意的服务，你就会得到其转介绍的机会。如果你要求客户为你做转介绍，你就会得到更多的转介绍。感到满意的顾客会把快乐体验介绍给他们的朋友，并与他们的朋友们分享。如果在客户过生日或者是传统节日的时候，你能够给他们寄上一些小礼品，那么他们会更主动地帮你做转介绍。

营销专家说过，每个客户背后都有 49 个准客户。如果你能让你的客户心甘情愿地帮你转介绍，这样老客户介绍新客户，新客户再介绍新客户，你的客户会以 49 倍的速度不断增长，你就不会再为销售发愁了。当然，这是我们的理想算法，在实际操作中会遇到这样那样的难题，使转介绍率远远小于我们的这种算法，但是只要你努力转介绍还是会有的。

营销实践当中很多的销售人员没有要求客户为自己转介绍，原因可能是害怕丢面子，可能是怕开口遭到拒绝，也可能担心这个要求会给客户带来麻烦等。无论出于何种原因，这种做法都是不正确的，客户转介绍利用得好能够为我们带来丰富的、源源不断的客户资源，为什么不用呢？不要用自己的想法来代替客户的想法。

实际上，客户都希望为自己服务的销售人员绝对优秀，甚至比自己周围朋友的服务人员都要优秀，是最优秀的。正是基于这一点，客户在一定条件下会帮助我们实现优秀。如果你的服务令客户满意，客户会期望把他的朋友也介绍给你服务，这不光会给你带来好处，也会给客户带来荣誉。

你的产品不可能只有你的客户有需求，他们的朋友当中一定也有需求，关键是他们需要一个值得信任的人，作为客户而言做这样一件有意义的事会令其非常开心。

由此可见，你是否能让你的客户为你转介绍，客户对你的转介绍的要求怎么想不是关键，关键是要看你能不能让你现在的客户满意。能不能对现在的客户进行良好服务是客户转介绍的关键基础，如果这一点你做得还不好，转介绍就暂时别提，提了也会被拒绝，你此时最重要的工作就是通过服务让客户对你认可和信任。

第四节　完成“五大”系统

一个功能完备的网站需要具有“五大”系统——产品展示系统、搜索引擎优化系统、在线客服及销售系统、网络营销分析系统、营销型网站分站系统。这五大系统统一于一个功能完备的网站当中，缺少任何一个系统网站就不能发挥预期的作用。

产品展示系统

产品展示系统是基于数据库的及时发布系统，可用于各种产品的实时发布，为用户搭建网上全天候的产品展示厅。

网络营销时代更重视视觉效果，从产品的展示来增强产品的说服力显得极为重要。产品展示不但要展示产品的外观，更要让受众了解其功能价值，满足目标客户需求。面对丰富的用户需求及企业的长期赢利目标，差异化的展示定位意义重大。

网络营销是要实现产品价值传播，优秀的产品展示方式就是实现良好的说服效果，以下从展示内容、形式及功能等方面来说明产品展示采用的方式。

1. 展示大众行为

人们具有搜集信息的天性，常观察及模仿他人行为，尤其在不确定的环境中，希望得到“社会证明”而感觉安心以进行决策，所以对于大众消费品来说，大众行为展示可以表现出客户的共同需求，因需求相同或相似，而影响彼此的消费行为。

展示内容：热门关注；相关购买；畅销产品；其他人在做的事情。

除了展示内容外，网站还要为用户提供方便的途径在网上写评论，并对产品和服务进行评级等。沟通与互动是网络营销的主导行为，用户评论会对人们的购买决策产生巨大的影响。正是用户间的相似性使得评论具有可信可用的价值，而且用户评论渐已成为网站的必备元素，并成为重要的消费理由。而且即便是面对负面评论的管理，应该进行的是快速反应，删除反而不是最好的处理方式。

2. 展示稀缺性及权威性

在大众化的需求特征之外，基于稀缺刺激需求、权威引导行为的特征，展示产品的稀缺性与权威性可鼓励人们更快消费。这种状况产生于资源稀缺及信息不对称的条件下，失去将比得到产生更强烈的情感。尽管目前大多产品已过剩，但更重要的是基于人们选择的范围，才是稀缺与权威的价值所在，要帮助用户选择有价值的产品。

展示稀缺性供参考的词语：仅剩一天；最后清仓；库存量很少；暂无商品，添加到期望清单；清仓倒计时 1 天 2 小时 23 分 18 秒；每人限购 1 件。

另外，还可以随时减少一些库存量，产品数量的递减带给访问者一种紧迫感。与人们从来没有拥有某样物件相比，当人们感觉他即将失去该物时更有价值。

3. 展示产品价格信息

低价和折扣信息是目前促进网购的核心要素。产品价格是关系用户支付意愿的最重要内容之一。对不同用户的需求及支付意愿的差异，有针对性地进行产品及价格服务的区分是企业扩大赢利的重要方式。企业为产品制定一定的价格体系，典型的如图书销售中，对于需求大的忠实读者提供价格较高的精装书，并提供价格适中的适合大众消费的平装书，以及折扣促销活动等，无疑扩大了产品的销售范围。

交叉销售与向上销售是服务于用户需求选择的另一重要方式，用户会在一次购买基础上进行多次购买，并扩展至相关产品及同类高质量产品。借客户不希望错过可能的产品信息的心理，推出多种产品的“打包”选择，是说服选择的最佳策略。

4. 展示文字、图片和视频

文字语言是重要的产品展示表述形式，这是因为文字语言不仅是信息的精确表达传播形式，更具有强大的心理影响作用。在文字广告方面，产品的文字说明介绍是信息传达的完备表现，而广告语或简练的价值指向，或价格促销卖点等更丰富了产品的感染力。可充分发挥语言的感知魅力。文字广告的应用范围通常包括搜索引擎关键词广告、网站联盟广告等。其精准匹配应用广告，因为需要阅读理解及目的明确，反而更好地发挥了营销广告的作用。而随着适用于不同的语言使用环境，故事性、评论性等基于内容的推广展示、口碑营销、博客软文营销、故事营销等，传达出对心理的影响作用。

产品的图片和视频展示强化了视觉的直观形象作用，不用太多的认知努力。尽管缺少了数字文字等表达的精确性，但其在信息量及心理作用方面却可以发挥更大的影响作用。在产品销售方面，尤其对高价值和奢侈性产品，图像是一种极具说服性的工具。在眼见为实的作用下，确保商品的高清晰可视性可提高用户的信服程度。

对图片与视频要求：质量专业；提供不同的观察视角；可放大的产品

细节展示更具直观性。如某个功能按钮、产品内部窥视；使用场景和应用示范展示。如利用模特在图片和视频中展示产品，商品的外观可以传达良好的感觉和感受，并包含产品尺寸、材质、颜色、搭配、视听效果等众多的信息，且通过环境背景及人物模特表现等展示，从而提供了更丰富的体验。

产品展示还包括以一定的间接方式来发挥营销作用，如新闻资讯、管理思想、企业文化、技术文档、评论、行业剖析、产业分析、专栏、专访、渠道（如游戏等）、消费者、品牌软文炒作等。

在展示的形式方面，包括弹出图片、文字广告、植入式广告、通栏、横幅、画中画及旗帜等。站点打开时在前端或全屏显示，并以不同的面积大小展示；在平台使用方面包括：文章、电影、游戏、即时通信工具、工具条等。

搜索引擎优化系统

搜索引擎优化英文简称是 SEO，它是指一种利用搜索引擎的搜索规则来提高目的网站在有关搜索引擎内的排名的方式。

所有的搜索引擎都有一定的规则，合理的 SEO 可以有效提高网站的排名，从而使得营销更加容易和简单。

掌握搜索引擎的算法更新技术是进行 SEO 的重要方法。下面是专业人士总结的一些搜索引擎的规则。

1. 重点优化标题部分

网页优化的重要部分就是标题部分，这个地方应该是你每次优化的重点。标题与关键字的符合度越高越好。网站建设前一定要认真地分析百度的相关关键字策略，对网站进行详细的关键字筛选。长尾关键词更有利于提高网站流量。

2. 网页的头部和底部是很重要的

对于搜索引擎来说，尽量将关键字加到里面。不要去在乎所谓的关键词密度，只要你的密度不超过50%，只要你提供的内容是符合的，只要你的内容对于你的用户来说是重要的、不可缺少的，适当的加入些关键词在页面里，只是更好地提醒搜索引擎。

3. 不要忽视外链

外链决定了网站在搜索引擎中的排名，但是并不是说外链多，排名一定就高，毕竟决定网站排名的因素还有很多，外链只不过是其中的一个重要部分。记住永远不要进行群发，群发的结果是有一天你发现你的网站突然在搜索引擎中消失了。

4. 内容是网站优化的灵魂

只有有好的内容才会吸引搜索引擎蜘蛛的到来，而且要保持天天更新你的网站，以便“蜘蛛”来访时有东西可吃。最好的方法是定时更新网站，每天保持下去。内容最好是原创的，因为搜索引擎是非常喜欢原创的，网上的千篇一律的东西它是不会去看也不喜欢去看的。

5. 服务器和域名的选择

首先，必须选择一个好的域名，最好选择 . com 的，个人感觉 . cn 的权重没有 . com 好，确保域名容易记住，而且没有被搜索引擎惩罚过。还要选择一个好的服务器，如果你的网站所在的服务器经常的出现问题，导致网站频繁出现不能浏览的问题，那么你的网站就会受到很大的影响，排名会很难提升的。所以服务器的选择是非常重要的。

6. 网站优化要全站同时进行

只把网站的首页进行 SEO 是远远不够的，网站优化最好是全站同时进行。每个内容页都必须有你想优化的关键字，尤其是相关关键字，内容页尽量不要采集，尤其是文章开头的 100 个字最好不要与其他网站的页面相同。

7. 网站目录和结果是必须优化的部分

优秀的目录排列能让百度蜘蛛很轻松地找到你的内容，排名自然就高，想象一下，要是你的很多目录结构乱七八糟，目录名称不知所云，百度蜘蛛进了你的网站如同进了迷宫。网上有很多免费的源码和 CMS，很多站长都是随便找一些就开始了网站之路，其实这些源码都存在很多错误的地方，对于后期的网站优化是非常不理想的。所以最好自己找人做一个网站，或者是购买一套网站源码，而且网站的结构要合理才行。

由于 SEO 在中国不断的升温，加上国际大市场的不断成熟，曾经单纯的“mate 标签 + 文本”等 SEO 手法已经被现在综合考虑的 SEO 公式和程序所替代。

而且不同的搜索引擎如 Google、Yahoo、Baidu 等著名的搜索引擎都有自己的算法。现在的 SEO 是一种综合素质的考量，但客户的耐心却被极大的压缩，他们需要的是迅速的结果和有效的收益，所以，现在的 SEOer 压力很大。越来越多因素被考虑进来，一方面极大地丰富了 SEO 的视野和手段，却也迅速地提高了入门的门槛。

在线客服及销售系统

在线客服系统是一种网页版即时通信软件的统称。通常我们所说的网站在线客服系统一般是基于网页的即时通信工具，它不需要安装任何软件，只需要在浏览器窗口就可以进行实时交谈。在线客服系统共有的一个特点是：网站的所有者想要使用在线客服系统，必须先向在线客服系统申请一个账户，然后生成网页标签，就是一段代码，把这段代码嵌入到网站网页当中，用申请的账户登录在线客服系统，就可以开始用了。

在线客服系统经过这几年的发展，已经成为网站客户服务、辅助网站销售不可缺少的工具。在线客服系统除了具备实时的网页聊天功能，还发展出弹出网页的方式主动邀请访客聊天的功能，以及文件对传功能，方便网站客服人员主动联系网站的在线访客，“变流量为销量，抓住每一个潜在的客户”。此外作为一款实时的网站客服工具，不同的厂家都针对性地开发出有各自特点的功能，来更好地为网站提供服务，未来在线客服系统

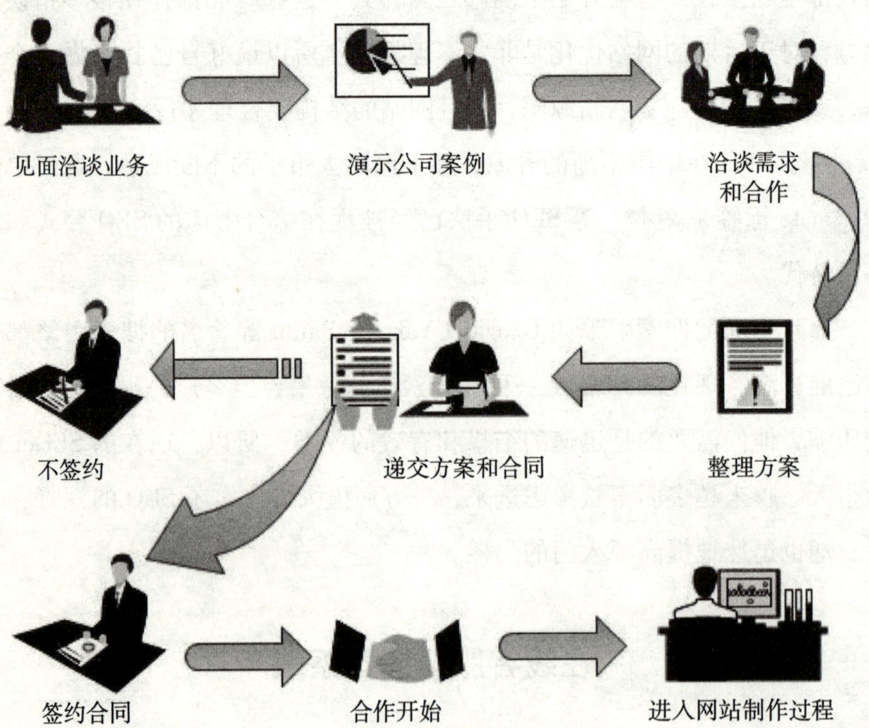

图 3－6 选择在线客服系统流程

的发展方向应该是更好的结合网站，结合客户管理系统（CRM），结合在线销售系统，为网站开辟一条发展之路、营销之路。

企业选择在线客服系统的时候要考虑以下四个方面的问题：

1. 安全稳定性

在线客服系统如果出现和客户聊天时卡机死机、频繁掉线、登录进程过久或登录不上、无法接收消息或无法发送消息等，这都是系统不稳定的表现。要及时回复客户的问题就要选择稳定的在线客服系统。

2. 高速快捷

高速，从公司角度来说就是客户访问公司网页时，在线客服咨询图标是要立即呈现的；从客户角度来说就是客户点击在线客服咨询图标后，对话框要以最短的时间出现。速度快人一秒，效益增长百倍，高速的在线客服系统会带来更多咨询。

3. 高效易用

在线客服系统操作过难，客服人员很难掌握应用就会影响公司的在线咨询效率，损失很多咨询量，而花费大量的财力和精力去培训客服人员又不经济，所以企业应该选择易用的在线客服系统。

4. 容易部署

在线客服系统的创建不是一件简单的事，音视频聊天与监控技术都涉及编解码技术、网络传输技术、媒体流处理的能力，学习难度极大，且往往需要数年时间来钻研方可有所成就，几年后学习开发人员才可以将自己的作品拿出手。这无疑给需要视频系统的开发公司带来很大难题，于是，专门提供解决用户需求的视频等媒体流需求的 anychat SDK 应运而生，通过 anychat SDK，开发者只需要简易的二次开发，就可以借用 SDK 提供的 API 来完成调用，完全不需再研究 SDK 完成视频对话等开发细节，只要做好自己的业务逻辑方面的开发即可，因为 SDK 提供非常多的接口，并且 SDK 中也有详细的开发文档，读读说明书就知道你要调用什么 API，SDK 封装了底层应用，可以让最终用户看不到有任何第三方的标志。

网络营销分析系统

关键词广告已经投放了，但你知道如下问题吗？

各个搜索引擎每天分别给你带来多少流量？

用户使用什么关键词找到你的网站的？

这些流量分别来自什么国家和地区？

你的哪些推广见效果了，哪些推广没有效果了？

如果你不了解这些问题，说明你连自己的网站（展厅设计）营销状况都不了解。多数做网络营销的企业都把精力投入到了网站推广的环节，而没有重视网络营销分析这部分工作。往往我们推广后的感受是效果没有预想的好，有时候一天也接不到一个电话咨询，有时候一天会不断地接到好几个电话，自己对此很茫然，推广也很盲目。

如何才能让自己的推广不再盲目？如何正确地开展网络营销分析工作呢？

方法很简单，安装一套网络营销分析系统就可以解决这个问题了。网络营销分析系统安装起来非常简单，直接将程序安装到网站上，每天登录网络营销分析系统就可以对自己网站的营销一目了然。

最简单最常见的网络营销分析系统，我们可以简单理解为到处可见的“网站统计”，根据网站的流量参数，侧面反映网站的推广效果情况。但是网站流量统计本身并不等同于网络营销分析系统。一个完善的网络营销分析系统里必须还要有更多的分析参数在其中。

网站每天都有人来人往，从网站访客到潜在客户，中间发生了什么？有多少人来过我的网站？通过哪个网站来的？什么时间、从哪些地区来的？他们是用哪些关键词找到我的？哪些关键词/创意的效果更好？在我的网站上待了多久？他们看了哪些页面？有没有发生线上的转化（留言/报名……）？

所以，在网络推广之初必须安装简单的流量分析系统工具，它不但可以让您更清楚地了解自己网站的流量情况，让网站推广有迹可循，并能及时地发现网站的问题。

在常见的免费网站流量统计中，我们一般可得到以下几个重要的参数：

从访问数量上看：有多少人来过网站？一共来过几次？看了多少页面？

从访问质量上看：平均每次在网站上停留了多长时间？平均每次看了网站上的多少页面？有多少人看了某个页面？

并且我们可以从时间、地域、来源上得到多维度的指标。

以上指的是网络营销分析系统中的以网站流量统计为代表的一些分析工作，当然，做好网络营销效果评估还有其他角度和参数，在此不一一列举了。

营销型网站分站系统

现在一般的行业门户网站为了业务的发展和网络推广，一般都会开通几个地区和子行业的分站（如主站 http：//www. jb51. net/，分站 1 http：//pg. jb51. net/，分站 2 http：//wjp. jb51. net/，分站 3 http：//hm. jb51. net/）。而对于分站来说一般都是采用子域名实现的。对于规模不大的网站来说，一般都是共用一台服务器和数据库，所有只要将子域名解析到服务器的 IP 就可以。

做网站就好像做企业一样，在网站做强了之后都会开分站，一般都是开一些地域性的网站，比如人才网，主站可能是一个面向全国或者广东省这样的一个大站，分站则主要是服务某些市县，像鹏程万里人才网就是这样的网站。

开分站可以有哪几种形式呢？各种形式又有什么优劣呢？

第一种：二级甚至更多级子域名形式，以子域名形式开设分站，分站相当于一个全新的站点，那么对于搜索引擎来说它就是一个新生的东西，需要一定时间考察，需要重新对分站进行优化推广，可以说是从零开始，推广的成本相应较高，时间也较长。但是子域名形式的分站，便于记忆，客户和使用者容易接受。但在推广过程中交换链接等会受到一些站长的抵触，很多人都不喜欢和子域名交换链接。二级域名虽说相当于一个新域名，但多少会对主站有帮助，比如 Alexa 排名等。

第二种：子目录形式的分站，以这种形式开设分站严格来说不算分站，因为就跟一棵树长大了生长分枝一样，还是同一棵树，但也可以长树枝生叶子产生果食，可以独当一面。因为还是一棵树，所以说它还是和主站密切相关，它可以很快得到搜索引擎的认可，获得较好的排名，因为它是站在主站的基础上的，相对来说不用做太多的推广和优化，同时分站的成长也会对主站产生相应的推动，就像树枝吸收阳光滋养整棵树一样。这种形式的缺点是不容易记住，样子也不好看，长远来说分站成长不如子域名的形式好，比如推广难度更大，人们对子目录比子域名更抗拒。

第三种：在根目录下放置分站主页的页面，这种形式跟子目录的形式有相似之处，分站还同属于主站，也可以说是并没有主次之分，因为分站和主站的首页都是同在根目录之下的文件，不同的是主站首页是默认页而分站的并不能直接通过网站域名进行访问，必须在网站域名后面加上“/文件名”才能访问。由于这种形式几乎没有主次之分，几乎可以以假乱真，有时候分站并不一定比主站的权重低，这种形式的主站和分站可以共用大量的文件，可以节省很多宝贵的网站空间，主站与分站共同成长，这种形式适合多个站点共同上线，便于规划推广。

第五节　布局“三大”内容

有销售力的文字

网络营销的核心是文字，因此，文案是解决网站流量、产品销售等的根本方法之一。在网络营销文案当中，最能体现销售力的是产品文案和品牌背书文案。网站产品文案、品牌背书文案是否详细、有吸引力，网站资讯内容是否具有深度价值，能否打动客户，网站文案内容是否有公信力，这都是衡量一个文案是否有销售力的标准。

那么，写作这两种文案应该注意什么问题呢？

1. 产品文案

产品文案的创作目的就是为了促进销售。在写作产品文案的时候要用清晰、简洁、真实的语言把产品的价值塑造出来，提炼产品的核心卖点，与其他竞争对手相比，哪方面是出色的，让人一目了然。千万不要长篇大论，啰里啰唆找不到重点。只要用简明的语言让消费者感到物有所值、值得购买就可以了。

这是一种典型的 FABE（利益）推销法。FABE 模式是由美国奥克拉荷大学企业管理博士、台湾中兴大学商学院院长郭昆漠总结出来的。在 FABE 的运用中首先列出商品特征，接着是商品的利益，第三个阶段是客户的利益，最后是保证满足消费者需要的证明。产品文案在写作当中如果能够体现出这四个方面的内容，一定能够吸引消费者。

2. 品牌背书文案

品牌背书是指某一品牌要素以某种方式出现在包装、标号或者产品外观上，但不直接作为品牌名称的一部分。通常，这一特殊的品牌要素是公司的品牌或标志。品牌背书文案的撰写，主要突出公司的品牌，增加信任度。品牌背书包括公司介绍、品牌文化等相关文案，介绍公司行业特性及品牌理念和个性等内容。

一般来说，这部分文案的内容比较枯燥，消费者不喜欢阅读。但是，这是展示企业整体实力的必要部分。所以在写作的过程当中一定要想法把这部分写得生动一些、有吸引力一些。例如在介绍公司的品牌理念形成的时候可以写一下品牌背后的小故事，即使没有什么故事也可以杜撰一个比较贴合的故事，以此来吸引消费者阅读。

以上两种文案，不管是哪种文案对文字的设计都有一定的要求：

首先，文字要给读者新鲜感。文字的主要功能是向阅读者传达作者的想法和各种信息，要达到这一目的，必须给人以清新的视觉印象。设计时避免烦杂、零乱，要让人易记、易懂、易认，不能和整个作品的风格特征冲突。

其次，文字的设计要给人美感。只有能够带给人美的视觉感受的东西，人们才会喜欢看，文字也一样，所以文案中的文字能够给人美感，才能吸引读者多看几眼。

再次，文字设计要富有创造性。文案文字要根据主题的要求，突出文字设计的个性，创造出与众不同的独特的字体，给人以别开生面的感受。设计时，可以从字的形态特征上下功夫，二者合理搭配带给人美感享受。

最后，文字设计要体现出协调美、组合美。在文案中如果文字排列组合得不得当，拥挤杂乱，缺乏视线流动的顺序，就会影响字体的美感，也不利于人们进行有效阅读，这样就难以产生良好的视觉效果。文字要想取得良好的视觉排列效果，关键在于找出不同字体之间的内在联系，对其不同的对立因素进行和谐的组合，不但要保持各自的个性特征，还要有整体的协调感。

有销售力的图片

现在网民都普遍追求图文并茂的阅读体验，所以在网站的内容设计上除了文字之外，还要有一些相关的图片设计。图片是通过视觉手段来传达信息的载体。一般情况下，图片带来的视觉效果更具有冲击力。“图”包括插图、照片、漫画、彩色的画面等，为了能达到网站的用户体验度和销售力，我们必须采用图片、flash 等来对网站进行装饰美化。

图片能够使网站增色，适当地运用图片，能够给消费者带来纯文字组合所不能达到的体验。例如图 3 –7 是某美容美体生活馆最新推出绿色养生减肥项目时所采用的宣传图片。

图 3 –7 某美容美体生活馆宣传图片

这个图片中不仅肥瘦对比鲜明，而且悠闲养生。在以瘦为美的今天，很多女士尤其是线条不明显的女士看到这一图片都会有跃跃欲试的冲动。相反，如果该生活馆只是用文字来宣传“最新推出绿色养生减肥项目”就不能带给受众视觉上的冲击力，甚至没有图片的吸引，很多人也不会关注其文字。

假如你想买一部手机，如果单看有关手机的文字介绍你会觉得很枯燥，甚至是根本不理解文字的具体含义，而有了图片就不一样了，它能够很直观地让你看到具体的东西，也就是说图片能够把抽象的概念转化为具体的形象。例如图 3－8 是苹果 iPhone5 手机的宣传图片。

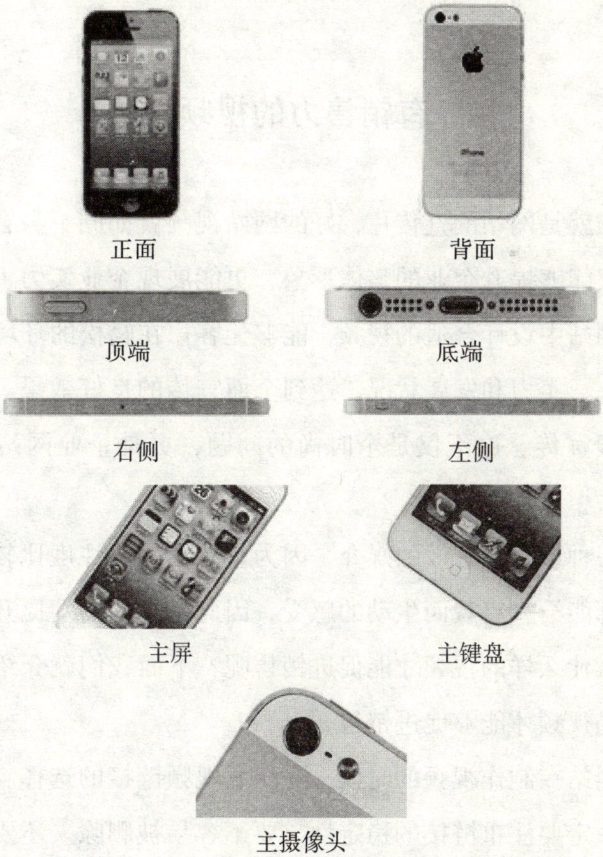

图 3－8　苹果 iPhone5 手机宣传图片

有了以上这些图片，我们就能够清楚地看到 iPhone5 的各个面，这显然比单纯的文字描述更具有吸引力。

图片能够给消费者提供更加直观的购物体验，而且便于分享。很多人喜欢把自己在网络上淘到的宝贝分享给朋友。有时候用一两句话根本描述不清自己的宝贝是什么样子，而只需发个图片就能让朋友清晰地看到自己的所爱之物。这不仅方便了客户的购买体验，也增强了产品的传播力。

事实证明，含有图片的网站要比没有图片的网站更能吸引消费者，所以说网站图片能够提高网站的销售力，网站优化一定要注意添加一些有销售力的图片。

有销售力的视频

网站视频就是网站的宣传片，好的网站视频就如同一身合体、漂亮的衣服，它不仅能够提升企业的整体形象，更能展现企业实力、提升网站的销售力。在网站中设计合适的视频，能够让客户在轻松的环境中了解企业的精神、文化、实力和发展状况，达到全面宣传的良好效果。纵有千言万语，不如视频宣传。这不仅是个时尚的问题，更是企业网站拓展的切实需要。

视频是一种最直接有效的媒介，因为它所受的关注度比较普遍，加上声音和画面都能给人直观而生动的感受，因此是企业网站提升销售力的必要选择。那么什么样的视频才能促进销售呢？下面我们就介绍一下网站如何设计、布局视频才能够促进销售。

首先，网站在制作视频的时候，要注意视频链接的选择。网站在视频外链的时候一定要注重链接的稳定性，要不容易被删除。还要运用多种方式支持下载，这有利于观众分享、传播视频。

其次，在做视频板块内容的时候，除了要上传视频，还要把描述、关键词、标题等写好。还可以根据自己上传视频的属性创建不同的分类，对其感兴趣的用户，会去关注这些，这样非常有利于网站推广。

网站在介绍产品功能特性的时候，如果能够用视频演示一下，其销售力肯定要比单纯的文字介绍好得多。那么怎样才能在自己的网站上播放视频呢?

比较实用的方法就是把自己的视频上传到优酷网，优酷网会给一个链接，把这个链接添加到自己网站上，就可以播放了。

那么，我们还有必要分享一下怎样在优酷网上上传视频。

其方法步骤如下：

（1）注册一个优酷用户名，把做好的视频上传到优酷中，如图 3 –9 所示。

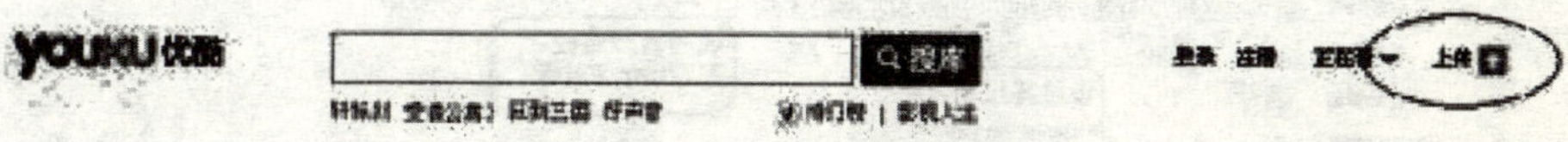

图 3 –9　插入视频方法演式一

（2）上传视频之后点击浏览器查看——源文件——找到视频的路径，如图 3 –10 所示。

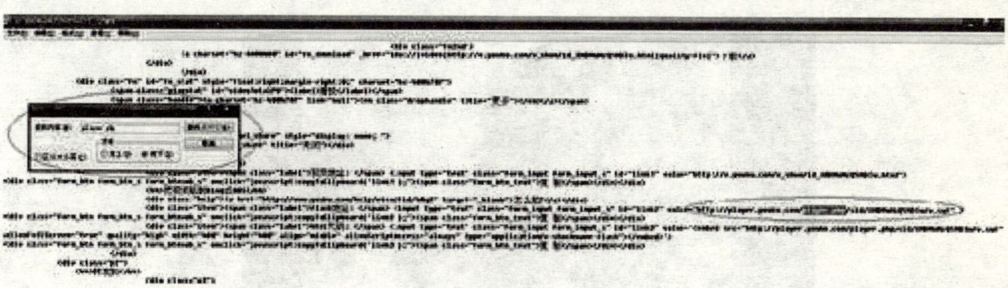

图 3 –10　插入视频方法演式二

（3）双击空白区域，插入“视频”模块，如图 3 –11 所示。

图 3－11 插入视频方法演式三

（4）填写视频地址时，要带“http：//”前缀，如图 3－12 所示。

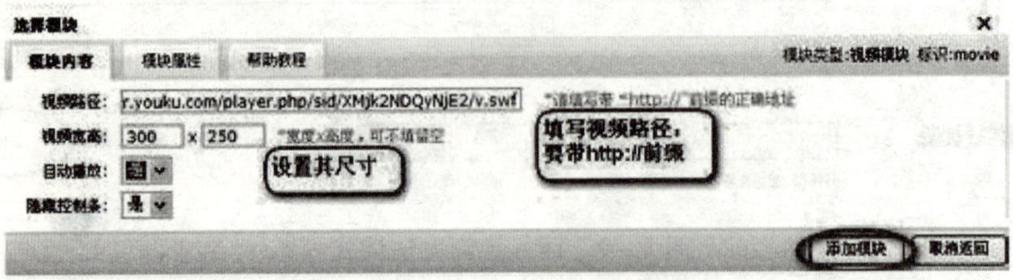

图 3－12 插入视频方法演式四

（5）设置好模块属性，保存，预览其效果，如图 3－13 所示。

图 3－13 插入视频方法演式五

根据上面的步骤在优酷网上传了自己的视频，然后再把优酷网给出的链接添加到自己的网站中，只要顾客轻轻一点链接就能够在网站中播放视频了。

（来源：百度经验）

本章小结

本章从实用的角度讲述了怎样建立网站的问题。其中详细介绍了网站建设的步骤、网站应该具有的“三种”力量、网站应该回答的“六个”问题、网站应该完成的“五大”系统、网站应该布局的“三大”内容。按照本章所介绍的知识进行网站建设，你的网站必定是一个成功的网站。

第四章

网络营销实战之网推篇

第一节 付费推广

付费推广是指企业在进行网站推广的时候需要缴纳一定的费用才能利用该种方式进行推广。付费推广的方式主要有：SEM 推广、广告联盟平台推广、行业门户网站推广、综合门户网站推广等。

SEM 推广

SEM 有广义和狭义之分，广义是指搜索引擎营销，做内贸的 SEM 一般分为 PPC 和 SEO，如果做外贸，广义 SEM 还应加上分类目录（包括付费、免费）。我们这里所说的 SEM 推广按狭义理解，是指 PPC，即搜索引擎竞价排名。

搜索引擎竞价排名是指企业把产品、服务等通过关键词的形式在搜索引擎平台上作推广，它是一种按效果付费的新型而成熟的搜索引擎广告。用少量的投入就可以给企业带来大量潜在客户，有效提升企业销售额。竞价排名是一种按效果付费的网络推广方式，由百度在国内率先推出。企业在购买该项服务后，通过注册一定数量的关键词，其推广信息就会率先出现在网民相应的搜索结果中。如企业在百度注册“电子产品”这个关键词，当消费者寻找“电子产品”的信息时，企业就会优先被找到，并且百度按照给企业带去的潜在客户访问数收费。

运用 SEM 推广方法，很多人关心的问题是，假如一个关键词的出价是

200 元，那么，每次实际点击花费就是 200 元吗？也就是我们的出价 = 实际点击价格吗？下面我们就讲一下实际点击价格的算法。

关于关键词点击价格，百度是这样定义的：点击价格是由你和竞争同行的排名关系、出价和质量度等因素共同决定的，对于同一账户内的同一关键词，在你的出价不变的情况下，由于以上因素随时可能发生变动，同一关键词在不同时刻的点击价格可能是不同的。点击价格取决于你和竞争对手的排名、出价和质量度，最高不会超过关键词所设定的出价。

一般情况下，每次点击价格的计算公式为：

$$\text{每次点击价格} = \frac{\text{下一名出价} \times \text{下一名关键词质量度}}{\text{当前关键词质量度}} + 0.01\text{ 元}$$

其中关键词质量度指的是依据历史数据计算，主要反映其关键词标题、描述及网民对该关键词的认可程度，还包括网站的打开速度、关键字指向网页的相关程度，还有整个网站的情况。关键词质量度每 24 小时刷新一次，以一颗星到三颗星表示。高质量度的关键词综合排名指数也较高，能以相对较低的竞价价格获得较高的排名，从而获得更好的推广效果。同等情况下，质量度越高，需要付出的点击价格越低。因此可以通过不断优化质量度以降低推广费用，提升投资回报率。由于竞争环境随时可能发生变化，即使您的出价不变，同一关键词在不同时刻的点击价格也可能不同。

下面我们用一个例子来说明解释下上面的公式。

甲、乙、丙、丁目前的百度排序如下表，请问甲、乙各自的关键词点击价格是多少？丁的出价、综合指数、实际花费是多少呢？

出价	质量度	综合指数	实际花费
甲 83.3	1.2☆☆☆	100	?
乙 100	0.8☆	80	?
丙 60	1☆☆	60	¥30.01
丁？	0.8☆	?	?

按照关键词点击价格的计算公式计算：

甲的实际花费＝乙的综合指数/甲的质量度＋0.01＝80/1.2＋0.01＝66.68

乙的实际花费＝丙的综合指数/乙的质量度＋0.01＝60/0.8＋0.01＝75.1

丁的综合指数＝（丙的实际花费－0.01）×丙的质量度＝（30.01－0.01）×1＝30

丁的出价＝丁的综合指数/丁的质量度＝30/0.8＝37.5

丁的实际花费应该由下一名综合指数和丁的质量度决定，而下一名综合指数未知，所以不确定。

我们了解了百度点击价格的计算方法，下面我们来看看企业的出价策略。

针对以上例子，假如此时戊想排第二，他应该如何出价呢？

出价	质量度	综合指数	实际花费
甲 83.3	1.2☆☆☆	100	¥66.68
戊？	1.2☆☆☆	？	？
乙 100	0.8☆	80	¥75.1
丙 60	1☆☆	60	¥30.01

解决这一问题，戊有两种策略：

一种是消耗甲的投放费用，叫消耗战术。即以甲为参照，使自己的综合指数略小于甲，如使得自己的综合指数为99，这样戊需要出价99/1.2＝82.5，而甲此时的实际花费不再是66.68，而是99/1.2＋0.01＝82.51了，甲单次点击的实际花费大大增加。

另外一种是保守战术，以最低的价格保证排名第二。即以乙为参照，使自己的综合指数略高于乙，如使自己的综合指数为81，这样戊需要出价81/1.2 =67.5。这样戊可以使用较少的费用取得第二的排名。

需要说明的是，百度对质量度的阐述如下：“质量度有几个参数，比如URL地址、相关度和点击量，每一项都在质量度里占有一定的权值比例，然后有一个算法来求出质量度，企业的质量度和网民的搜索体验息息相关，质量度采用24小时刷新的办法匹配最新的搜索结果。”但我们从来不曾在任何搜索引擎里搜到过有关质量度的计算公式，业界很多人一直在探索它的计算公式，都无果。也就是说上文中的例子中提到的质量度具体数值实际是无法计算出来的，只能通过几颗星来估个大概。

广告联盟平台推广

广告联盟是指广告主按照网络广告的实际效果向网站主支付合理的费用，节约营销开支，提高营销质量。网站主则通过网站联盟平台选择合适的广告主并通过播放广告主广告提高收益，轻松把网站访问量变成收益。

有实力的企业往往喜欢自建广告联盟，而营销专家并不赞同电子商务企业建立自己旗下的广告联盟。理由很简单，性价比不高，广告联盟组建最重要的是资源，不具备资源优势而盲目发展，一味地靠媒介客服去联系网站，不仅效率低、耗费时间，最大的弊端就是资源单一。

凡事术业有专攻，联盟平台不是简单的程序架设，它涉及的内容有广告与联盟会员网站匹配、联盟广告数据监测和统计、联盟广告付费方式、联盟分成模式等内容的运营管理，就目前整个国内的电商氛围来看，单打独斗已不再能成为强者，合作才有新出路。

自建广告联盟只为推广自己的产品而建，第三方广告联盟为服务众多网络商家而建，并能把联盟会员的网站流量充分利用好，优化提高联盟会员的收入。自建广告联盟与第三方广告联盟应该紧密合作，他们之间应是一种竞争与合作的关系。

在广告联盟平台应用中包含两个群体。一个是广告主，就是我们平时说的adwords，广告主可以登录来设置自己的广告以及付费。另外一个是网站主，就是平时我们说的adsense，网站主可以登录来获取广告代码，投放到自己的网站上，靠自己的网站流量来获取点击收入。

对于企业来说只有选好广告联盟，才能让网站收益最大化。那么如何选好广告联盟呢?

首先，投放的广告类型要与网站内容相匹配。由于网站在运营模式上各不相同、受众群体不同，匹配不同类型的广告带来的收益也不同。想获得比较丰富的收益，就要在自己的网站展示与网站能相匹配的内容。

其次，选择有一定信誉度的广告联盟。如何选择一个能够放心合作的联盟呢？主要注意以下几点因素：计算是否及时，扣量是否严重，网络上口碑如何，服务态度怎么样，联盟代码加载速度是否影响自己的网站，展现代码是否丰富，等等。

在选择广告联盟的时候可以多与其他网站站长交流，可以到一些相关论坛当中看一下关于联盟的讨论，多参考一些信息是十分重要的。大家可以考虑一下近几年来口碑比较好的广告联盟，例如百度联盟、Google Adsense、搜狗联盟、成果网等。

再次，合理对广告位的布局和样式进行优化。通过选择合适的联盟合作能给网站带来一定的收益，如果能对广告更进一步优化的话，或许会带来意想不到的收入。其实这个优化过程，也是分析自己访客行为习惯的一个过程。

合理应用联盟代码中的“调色板”可以将广告与内容融合，增加广告的点击；慎用“竞争网站过滤”功能，还可以实现过滤单价较低的广告内容的作用；如果网站黏度比较好的话，要经常变动一下广告的位置和广告的色调；等等，这些都是一些提高收益比较基础的方法。更重要的是站长要通过专业的流量统计分布，结合自身网站的特点来不断地调整和观察。

以上是选择广告联盟平台可参考的几点，企业可以根据自己的实际情况进行选择。

行业门户网站推广

门户网站是指通向某类综合性互联网信息资源并提供有关信息服务的应用系统。高速发展的网络技术有力地促进了各类网站的应运而生。按照其提供信息服务特点的不同，门户网站主要分为两种比较大的类型——行业门户网站和综合门户网站。在这里我们主要讲一下行业门户网站。

新型的行业门户网站又称为垂直门户网站，一般是指针对某一个行业而构建的大型网站，包括这个行业的产、供、销等供应链以及周边相关行业的企业、产品、商机、咨询类信息的聚合平台。行业门户网站专注于某一领域（或地域）如IT、财经、娱乐、体育、房地产、汽车，在内容与服务方面更加专业、灵活和有深度，用户的黏性、精准度较高，在细分人群的规模效应和网络效应方面显现价值。

从行业层面来看。行业门户网站以其深度内容建设优势、地区分站优势及其与相关行业厂商/经销商服务优势，赢得了众多客户的广泛认可，也成为行业发展的主要推动者。

行业门户网站构建的技术和方式有很多种：目前运用最多的就是采用ASP + SQL、PHP + MYSQL等形式，这种方式，技术简单，构建灵活，易于快速完成网站的整体布局，缺点是技术性低、网站与数据库的直接交换容易使网站访问速度下降，而且对网站的功能提升也不利，网页被其他搜索引擎采集的概率也低，更不利于推广。

搭建行业门户网站还可以利用一些工具和成熟的行业门户网站解决方案实现，做行业门户最核心的基础是有庞大的行业数据量，没有数据量的行业门户只是一个空架子，就是做再多的网页和架构数目极多的频道，也不及一个搜索框下的庞大数据对用户更有吸引力。

行业门户网站业务比较专一，要走出地域门槛还需要解决面对面的服务问题。行业门户网站客户大部分集中在本地和周边城市。在区域化业务拓展的情况下，如何赢得会员与客户的信任，在互联网上做到让外地的一个用户给你的网站汇钱，成为会员，还需要下一番功夫。

在行业门户发展电子商务业务，交易过程中需要面对面沟通、验货，并且资金交易量比较大，一般企业需要银行作为第三方才会觉得比较安全。所以其物流和资金流的解决仍然需要一段时间。

另外，行业门户网站的搜索引擎比一般的大众搜索引擎更具有精确性、专业性，但是目前部分行业的垂直网站搜索引擎不但搜索不精确，而且功能单一，没有把搜索引擎与网站本身的功能互动起来，不能为用户更方便、更快速地寻找信息提供便利，这些都是亟待解决的问题。

综合门户网站推广

综合门户网站是指主要提供新闻、搜索引擎、聊天室、免费邮箱、影音资讯、电子商务、网络社区、网络游戏、免费网页等服务的网站。在中国，典型的综合门户网站有新浪、网易、腾讯和搜狐等。

中国的综合门户网站大致可以归纳为三类企业：第一类是以内容类见长的企业，以新闻资讯吸引用户的点击率，以此来获得广告商的青睐，从而获得广告收入，如新浪、搜狐；第二类是以自己的技术特长开发出特色产品的企业，如开发出《大话西游 Online》等网络游戏的网易、以即时通信软件 QQ 占领市场大份额用户的腾讯等；第三类是主要依靠与中国通信运营商合作而获得短信、彩信等无线互联网服务收入的企业，如 TOM、中华网和 21CN 等。

主要综合门户网站关于定位、产品等的比较如表4-1所示。

表4-1　　主要综合门户网站

综合门户	目标人群	定位	主打产品和服务	主要营收来源
新浪	中国大陆及全球华人社群	领先在线媒体及增值资讯服务提供商	新闻资讯	广告收入
网易	白领阶层和年轻人	中国领先的互联网技术公司	网络游戏	网络游戏收入
搜狐	中文世界的社群	中国最领先的新媒体、通信及移动增值服务公司	新闻资讯	游戏服务收入
腾讯	面向在线生活的人群	中国领先的互联网服务和移动及电信增值服务供应商	即时通信软件	游戏服务收入
雅虎中国	全球用户	中国人做的面向全球的最好的搜索	搜索业务	网络营销收入
TOM	追求潮流的年轻网民	中国领先的无线互联网公司	无线互联网服务，如短信、彩信等	无线互联网服务收入
中华网	中国用户群体	中国无线应用、互联网服务及网上游戏公司	流动增值服务、网上娱乐及互联网服务	流动增值服务收入
21CN	具有新潮、时尚娱乐需求的用户群体	中国第一宽频门户	娱乐中心	宽频付费影院等媒体收入

从表4-1中可以看出，这三类综合门户网站各自的主打产品不同，导致它们的主要收入来源也不同。产品的这种差异意味着可替代性产品的

减少和替代程度的降低，使产品呈现出互补关系，增加了市场垄断的程度。但是，尽管各自的主要收入来源不同，但它们的所有收入来源却有着惊人的相似性。目前，网络广告、网络游戏和无线增值业务是综合门户网站的三大收入来源，而我国几乎所有综合门户网站的收入都来自于这三个方面，只是所占比例不同而已。这就使得各门户网站不可避免地提供了相似的产品和服务，这种不约而同的多元化战略使得整个门户网站产业存在产品同质化现象，产品的差异化程度并不高。

综合门户网站占有着较高的人气与平台优势，对于针对大众市场的产品来说，综合性门户是不二之选，但这恰是综合网站的不足。相比而言，如果客户的产品针对专业市场，在广告价格相差不大的情况下，则垂直门户比综合门户具有更大的广告价值优势。另外，各大综合门户网站赢利模式总体来看仍然较为单一，其虽然在产品多元化的对抗竞争中各有侧重，但服务方面大致相同，存在着同质化竞争。面对互联网内容与商务整合时期的到来，综合门户网站还需在多样化服务的基础上，进一步分析用户需求，提供个性化、差异化的服务，才能在细分市场领域建立利润屏障，获得行业竞争优势。

第二节　免费推广

免费推广是指利用网络进行网站推广，不用再另外付费的推广方式。免费推广的方法很多，比如 SEO 推广、病毒式推广、事件炒作推广、博客推广、论坛推广、视频推广、邮件推广、微博推广、移动推广等。随着网络推广竞争的加剧，付费推广的价格越来越高，免费推广越来越成为各个企业的最爱。本节将逐一具体讲述以上所提到的免费推广方式。

SEO 推广

大多数人所说的 SEO 推广是指基于网站的搜索引擎优化。在搜索引擎技术发展的过程中，搜索引擎优化技术为推动搜索引擎的发展起到了非常重要的作用。搜索引擎优化简称为 SEO 技术，通过了解各类搜索引擎如何抓取互联网页面，如何进行索引以及如何确定其对某一特定关键词的搜索结果排名等技术，来对网页内容进行相关的优化，使其符合用户浏览习惯，在不损害用户体验的情况下提高搜索引擎排名从而提高网站访问量。SEO 技术的应用非常广泛，具体来说，在网站架构优化、网站关键词的设计技巧等方面都有很广泛的应用，同时，这些具体的应用也会反馈给 SEO 技术，方便 SEO 技术改进，可以说 SEO 技术就是为了使网站更加“亲近”搜索引擎。

影响 SEO 技术优化的因素有很多，例如网站域名、网站空间甚至网站构架等都会对SEO技术的优化效果产生影响。随着SEO技术的发展，其优化手段和优化的程度较以前都有了很大的提高。SEO的优化方式主要包括技术层面的优化和营销层面的优化。任何一种搜索引擎优化过程中，都是两种层面的技术优化共同作用的，这才使得现在各种搜索引擎更加方便快捷。

1. 关键词分析

关键词分析是所有SEO必须把握的一门作业，即使是大型网站，虽然有海量的数据，但是每个页面都需要进行关键词分析，除了单独的专题页面外，一般每个层次的页面，都需要有专门的关键词。关键词分析的基本原则如下：

（1）调查用户的搜索习惯。这是一个重要的方面，只有了解用户的搜索习惯，才能把握用户的搜索需求，用户喜欢搜索什么？用什么搜索引擎？等等。

（2）关键词不能过于宽泛。关键词过于宽泛会导致竞争激烈，耗费大量时间却不一定得到想要的效果，并且可能降低了关键词的相关性。

（3）关键词不能过冷。没有用户搜索的关键词是不值得优化的。

（4）关键词要与页面内容保持高度的相关性。这样既有利于优化又有利于用户。

关键词挑选的步骤如下：

（1）确定核心关键词。我们应该考虑的是哪一个词或者两个词能够最正确地描述网页的内容？哪一个词用户搜索次数最多？

（2）核心关键词定义上的扩展。例如核心关键词的别名、仅次于核心关键词的组合、核心关键词的辅助等。

（3）模拟用户思维设计关键词。把自己假想为用户，那么自己会搜索什么关键词呢？

（4）研究竞争者的关键词。分析一下排名占上风的竞争对手的网页，他们都使用了什么关键词？

一般说来，关键词与网站内容的承载关系通常情况是这样的：

（1）终极页承载长尾关键词；

（2）专题页承载热门关键词；

（3）栏目页承载固定关键词；

（4）频道页承载核心关键词；

（5）首页承载品牌关键词。

2. 内部链接策略

网站内的网页间导出链接是一件很容易的事情，它可以增进搜索引擎对网站的爬行索引效率，增强收录，也有利于 PR 的传递。内部链接做好了还可以集中主题，使特定主题的关键词在搜索引擎中排名占上风。

在内链建设中，应该遵循以下原则：

（1）控制文章内链数目。穿插于文章内的链接可以根据内容的多少控制在 38 个左右。

（2）链接对象的相关性要高。

（3）给重要的网页更多的关注。使重要的更有关键词价值的网页得到更好的排名。

（4）使用绝对路径。

3. 外部链接策略

外链的建设对于中小网站尤其重要，具有很高的价值。通常可以通过交换链接、制造链接诱饵、投放带链接的软文等方法来建设外链。

交换链接应该要遵循一些原则：①链接文字中包含关键词；②尽量与相关性高的站点、频道交换链接；③对方网络营销导出链接数目不能过多，过多的话没有太大的价值；④避免与未被收录以及被搜索引擎惩罚的网站交换链接。

制造链接诱饵是一件省力的工作，如到互联网中发布带有链接的内容，并鼓励大家分享或转载，这使得对方网站主动地为我们添加链接。制造链接诱饵的技巧很多，但是可以用两个字来概括：创意。

带链接的软文投放指的是在商务推广或者专门为了得到外链而进行的带链接的软文投放。

4. 网站地图策略

有很多网站不重视网站地图的建设，即使有网站地图，也只是做一个摆设。尤其是对于有一定规模的网站，网站地图的建设显得更为重要。网站海量的数据、复杂的网站导航结构、极快的更新频率使得搜索引擎并不能完全抓取所有的网页。这就是为什么有的网站拥有百万、千万甚至上亿级的数据量，但是却只被搜索引擎收录了网站数据量的一半、三分之一甚至更少的一个重要原因。网站地图有两种形式：Html 网站地图和 Xml 网站地图。

Html 网站地图中可以分为横向和纵向导航，横向导航主要是频道、栏目、专题等链接，纵向导航主要是针对关键词。其实质是为搜索引擎建立一个良好的导航结构，每个页面都有指向网站地图的链接。

Xml 网站地图主要针对 Google、Yahoo、Live 等搜索引擎。Xml 网站地图的优势在于：有些网站数据量太大，单个的 sitemap 会导致 sitemap. xml 文件太大，超过搜索引擎的容忍度。所以我们要将 sitemap. xml 拆分为数个，每个拆分后的 sitemap. xml 则保持在搜索引擎建议的范围内。

5. 搜索引擎友好写作策略

搜索引擎友好写作是创造海量数据对取得好的搜索引擎排名的很关键

的一部分。在创作内容时要先思考用户会搜索什么，针对用户的搜索需求而写作。其注意事项如下：

（1）重视 Title、Meta 写作。Meta 固然在搜索引擎的权重已经很低，但是不好的 Meta 写作例如堆积关键词、关键词与内容不相关等行为反而会产生副作用。而 Title 的权重较高，尽量在 Title 中融进关键词。

（2）内容与关键词的融合。在内容中要适当地融进关键词，使关键词出现在适当的位置，并保持适当的 SEO。

（3）为关键词加进链接很重要。为相关关键词加进链接，或者为本网页出现的其他网页的关键词加进链接，可以很好地利用内链上风。

（4）为关键词使用语义化标签。

6. 日志分析与数据挖掘策略

日志分析与数据挖掘经常被我们所忽视，不管是大型网站还是中小网站，这都是一件很有意义的工作。只是大型网站的日志分析和数据挖掘工作难度要更高一些，由于数据量太大，所以要具备足够的耐心来做该项工作。

（1）网站日志分析。网站日志分析的种类有很多，如访问来源、浏览器、客户端屏幕大小、进口、跳出率、PV 等。跟 SEO 工作最相关的主要有以下三种：①搜索引擎流量导进；②搜索引擎关键词分析；③用户搜索行为统计分析。

（2）热门数据挖掘。可以通过自身的网站日志分析以及一些外在的工具和 SEO 自己对热门的把握能力来进行热门数据的挖掘。热门数据的挖掘主要有以下手段：①把握行业热门，可由编辑与 SEO 共同完成；②猜测潜伏热门，凭借对信息的高敏感度，大胆猜测潜伏的热门信息；③自己创造热门，如炒作等；④为热门制作专题。

7. 专题策略

除了终极页面，各种针对热门的关键词所制作的专题应该作为网站的第二大搜索引擎流量来源。我们在对热门数据进行挖掘后，就可以针对这些热门关键词制作专题了。制作的专题页的内容从何而来？一般是通过程序实现将对应关键词相关的信息进行筛选聚合，这样就使得内容与关键词高度匹配，为用户、为搜索引擎都提供了所需要的内容。

当然，仅仅建立一个专题而没有辅助手段是很难保证专题的搜索引擎排名的，我们可以通过文章内链、频道页推荐或者终极页的专题推荐来获得链接达到效果。

病毒式推广

病毒式推广是一种常见的营销方法，经常被应用于网站推广、品牌推广等。病毒式推广利用的是用户口碑传播的原理。在互联网上，这种“口碑传播”更为方便，可以像病毒一样迅速蔓延，因此病毒式推广成为一种高效的信息传播方式，而且，由于这种传播是用户之间自发进行的，因此几乎是不需要费用的网络推广手段。

病毒式推广将令你的网络客户、邮件订阅者成为你在线生意的传话筒，使你在线业务量呈指数式爆炸增长。

病毒式推广的一般流程如图 4－1。

也就是说在运用病毒式推广之前一定要明确自己的目的，是想宣传品牌，还是吸引客户购买，还是为了增加某个网站的流量。目标明确之后再弄清楚自己的用户是谁，他们有什么特征和共性。然后挖掘出这些用户的兴趣点。

病毒式推广的优点在于：第一，传播速度快。病毒式推广是自发的、

图 4－1　病毒式推广流程

扩张性的信息推广，它并非均衡地、同时地、无分别地传给社会上每一个人，而是通过类似于人际传播和群体传播的渠道，产品和品牌信息被消费者传递给那些与他们有着某种联系的个体。这就使得病毒式推广的传播速度远远大于大众媒体发布广告的“一点对多点”的传播速度。第二，接受效率高。病毒式推广的受众是从熟悉人那里获得或是主动搜索而来的信息，在接受过程中自然会有积极的心态。第三，更新速度快。病毒式推广的传播过程通常是呈 S 形曲线的，即在开始时很慢，当其扩大至受众的一半时速度加快，而接近最大饱和点时又慢下来。

病毒式推广的缺点就在于传播力会慢慢地衰减，所以一定要在受众对信息产生免疫力之前，将传播力转化为购买力，方可达到最佳的销售效果。

专业人士认为成功实施病毒式推广需要分五步走：

第一步，进行病毒式推广方案的整体规划，确认病毒式推广方案符合病毒式推广的基本思想，即传播的信息和服务对用户是有价值的，并且这种信息易于被用户自行传播。

第二步，精心设计病毒式推广方案。最有效的病毒式推广通常都是独创的。独创性的计划最有价值，模仿别人的计划有时也可以获得一定效果，但要做相应的创新才更吸引人。

第三步，设计信息源和信息传播渠道。虽然说病毒式推广信息是用户自行传播的，但是这些信息源和信息传递渠道需要进行精心的设计。

第四步，发布和推广原始信息。最终的大范围信息传播是从比较小的范围内开始的，如果希望病毒式推广方法可以很快传播，那么对于原始信息的发布也需要经过认真筹划。

第五步，跟踪和管理病毒式推广的效果。对病毒式推广的效果分析是非常重要的，不仅可以及时掌握推广信息传播所带来的反应，也可以从中发现这项病毒式推广计划可能存在的问题，以及可能的改进思路，将这些经验积累为下一次病毒式推广计划提供参考。

事件炒作推广

事件炒作推广，是指企业通过策划、组织和利用具有新闻价值、社会影响以及名人效应的人物或事件，吸引媒体、社会团体和消费者的兴趣与关注，以求提高企业或产品的知名度、美誉度，树立良好品牌形象，并最终促成产品或服务的销售的手段和方式。

简单地说，事件炒作推广就是通过把握新闻的规律，制造具有新闻价值的事件，并通过具体的操作，让这一新闻事件得以传播，从而达到广告的效果。

事件炒作推广是一种非常重要的公关传播和市场推广手段，它集新闻效应、广告效应、公共关系、形象传播、客户关系于一体，并为新产品推介、品牌展示创造机会，建立品牌识别和品牌定位，形成一种快速提升品牌知名度与美誉度的营销手段。

事件炒作推广具有以下特点：

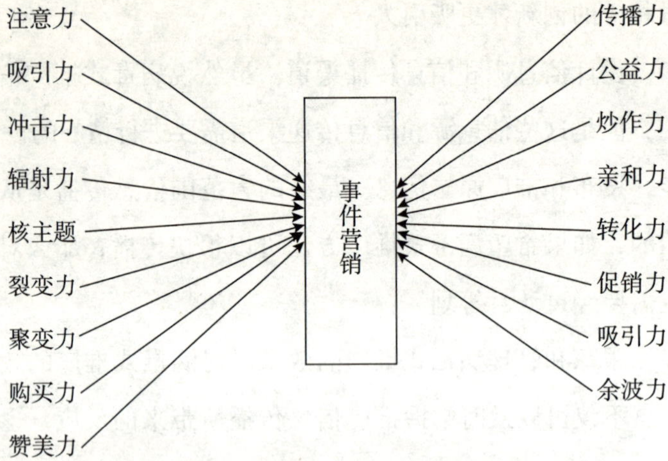

图4-2　事件营销

1. 免费

事件炒作推广最重要的特性是利用现有的非常完善的新闻机器，来达到传播的目的。由于所有的新闻都是免费的，在所有新闻的制作过程中也是没有利益倾向的，所以制作新闻不需要花钱。事件炒作推广应该归为企业的公关行为而非广告行为。虽然绝大多数的企业在进行公关活动时会列出媒体预算，但从严格意义上来讲，一件新闻意义足够大的公关事件应该充分引起新闻媒体的关注和采访的欲望。

2. 目的明确

事件炒作推广策划的第一步就是要确定自己的目的，然后明确通过什么样的新闻可以达到自己的目的。

3. 有风险性

事件炒作推广的风险来自媒体的不可控制和新闻接受者对新闻的理解程度。有些公司利用新闻炒作虽然提高了人气，但是一旦人们了解了事情的真相就可能产生反感情绪，最终会损害公司的利益。

4. 新颖性

事件炒作推广往往是通过热点事件来进行营销，也就是说事件炒作推广就是拿当下最热的事情来展现给客户，与那些陈旧的宣传广告相比具有很大的新颖性。

5. 效果明显

事件炒作推广可以通过热点事件来聚集很多用户一起讨论这个事件，然后很多门户网站都会进行转载，效果显而易见。

事件炒作推广在本质上就是让你的策划成为新闻。所以，事件炒作推广的成功要素，就是要分析一件普通的事为什么可以成为新闻，以及分析新闻从发生到被采访、被编辑、被出版的整个过程。然后，让你的策划能够顺利地通过这一过程。

博客推广

博客推广是通过博客网站或博客论坛接触博客作者和浏览者，利用博客作者个人的知识、兴趣和生活体验等传播商品信息的推广活动。

博客推广工具具有以下特点：

第一，博客是一个信息发布和传递的工具。

第二，博客与企业网站相比，博客文章的内容题材和发布方式更为灵活。

第三，博客与门户网站发布广告和新闻相比，具有更大的自主性，并且无须直接费用。

第四，博客与供求信息平台的信息发布方式相比，具有信息量大、表现形式灵活、可以用“中立”的观点来对自己的企业和产品进行推广的特点。

第五，与论坛推广的信息发布方式相比，博客文章显得更正式，可信度更高。

企业利用博客推广需要注意以下方法和技巧：

1. 博客要有自己的个性

如果你的博客让受众感到似曾相识，或者根本就是和别人的雷同，那么你的博客就不会具有吸引力。这和品牌与商品的定位一样，从功能层面就要做到差异化，在感性层面也要塑造个性。这样的博客具有很高的黏性，可以持续积累粉丝与专注，因为此时的你有了不可替代性与独特的魅力。

2. 强化互动性

博客的魅力在于互动，拥有一群不说话的粉丝是很危险的，因为他们慢慢会变成不看你内容的粉丝，最后更可能是离开。因此，互动性是使博客持续发展的关键。第一个应该注意的问题就是，企业宣传信息不能超过博客信息的10%，最佳比例是3%～5%。更多的信息应该融入粉丝感兴趣的内容之中。

3. 博客定位要专业

企业博客定位专一很重要，但是专业更重要。同市场竞争一样，只有专业才可能超越对手，持续吸引关注目光，专业是一个企业博客重要的竞争力指标。博客不是企业的装饰品，如果不能做到专业，只是流于平庸，倒不如不去建设企业博客，因为，作为一个“零距离”接触的交流平台，负面的信息与不良的用户体验很容易迅速传播开，并为企业带来不利的影响。

4. 注重方法与技巧

很多人认为，博客就是短信，就是随笔，甚至就是唠嗑。的确如此，但是对于一个企业博客来说，就不能如此，因为，我们既不是明星大腕，也不是一般百姓，我们开设博客不是为了消遣娱乐，我们是以创造价值为己任的企业，任何商业行为都必须有相应回报，担当这样使命的企业博客在经营上自然也更困难与复杂。

企业可以在多个人气旺的博客网站同时开博，比如新浪、搜狐、网易、腾讯等，而后一份博文稿可以分别发在各大博客上，这样可以大大提高传播效率，分摊成本。

论坛推广

论坛推广就是“企业利用论坛这种网络交流的平台，通过文字、图片、视频等方式发布企业的产品和服务的信息，从而让目标客户更加深刻地了解企业的产品和服务。最终达到企业宣传企业的品牌、加深市场认知度的网络推广活动”。

论坛推广的特点如下：①开放性。由于论坛话题的开放性，几乎企业所有的营销诉求都可以通过论坛传播得到有效的实现。②帖子的传播效率高。专业的论坛帖子策划、撰写、发放、监测、汇报流程，在论坛空间提供高效传播。③聚众能力强。利用论坛可以举办各类活动，调动网友与品牌之间的互动。④事件炒作，可以引发新闻事件，导致传播的连锁反应。⑤成本低，见效快。⑥传播广，可信度高。⑦互动、交流信息精准度高。

企业论坛推广的操作方式如下。

（1）在各大知名的专业性网站上注册账号。注册账号的时候不能随便什么网站都去注册，要挑选一些和本企业产品相关的知名网站。各大论坛的注册账号要不低于 10 个，这有利于炒作。当然这不是个固定的数目，由于企业性质和产品性质的不同，具体的注册数目也应该根据实际的需要进行。

（2）派遣专门的人员管理论坛账号、发布帖子、回帖等。这是论坛推广比较关键的一步，目前很多企业都有专门的人负责论坛推广。经常在论坛上活动会引起网友的注意，从而积累人脉关系。如果是偶尔发一次帖或回一次帖，不会引起网友的关注。

（3）发帖的题目要新颖，要有独特的创意。帖子的主题很重要，是开展论坛推广的关键。标题一定要有号召性、吸引读者。标题是敲门砖，标题要有一定的含义或歧义，让读者产生疑惑而进一步想得到答案。策划的主题如果有吸引力，开展论坛推广就会很顺利。

（4）论坛帖子的内容要有一定的水准。让网友看了之后觉得有话要说才行。论坛推广现阶段已经很热，网友也深知论坛营销的目的。

（5）号召企业人员积极回复论坛推广上的帖子，也可以利用注册账号进行回复，以便带动其他网友回帖。网友的参与是论坛推广的关键环节，如果策划成功，网友的参与度会大大提升。在论坛搞活动营销的时候，可以利用一些公司产品或礼品方式激励网友参与。

（6）企业要对论坛推广的效果认真监测，发现问题及时改进。这点相当于一个细致的数据分析和用户群体分析；通过一次营销，会总结出很多问题，下次策划时可以借鉴；不同领域用户群体习惯不同，方式方法需要自己探索和总结。

总之，企业开展论坛推广是要在遵循网页策略、产品策略、价格策略、促销策略、渠道策略、网络营销的顾客服务等策略的前提下，选择适合的方式和方法。

视频推广

视频推广指的是企业将各种视频短片以各种形式放到互联网上，达到一定宣传目的的营销手段。网络视频广告的形式类似于电视视频短片，平台却在互联网上。“视频”与“互联网”的结合，让这种创新推广形式具备了两者的优点。

视频推广发展有三个趋势：第一，品牌视频化。很多广告主将品牌广告通过视频展现出来，这个趋势非常明显。很多广告客户都希望通过视频推广方式，把自己品牌展现出来。第二，视频网络化。目前这个趋势已经实现了。第三，广告内容化。当我们在看电视剧的时候，如果插播了广告，我们会很自然地调台。因为大家知道这是广告，如果我们发现一个广告成为一个电视节目或电视节目的一个重要组成元素的时候，或者成为一个剧情纽带的时候，大家就愿意去看了。植入式广告就能够达到这个效果。

视频推广主要有两种方式：

1. 网络视频直播

将电视直播手段与互联网视频系统相结合的一种传媒或宣传手段，主要由下列元素组成：一是音视频编码工具，用于创建、捕捉和编辑多媒体数据，形成流媒体格式，这可以由音视频编码工作站、音视频切换器、摄像设备组成；二是流媒体软件与数据，流媒体服务器软件系统、编码软件，还有文件格式如 WMV、ASF 等视频流；三是视频服务器网络主机，用于安装流媒体系统，并且存放和控制流媒体的数据；四是接入网络，主要是直播现场网络接入；五是播放端，就是供客户浏览的端口，可以是网络播放器，也可以是网站页面，还可以是户外 LED 视频显示器。

2. 网络流媒体系统

一是微软的WMS流媒体系统（Windows Media Services）。文件格式为ASF（Advanced Stream Format），文件后缀为.asf和.wmv，对应的客户端播放器是Media Player。适用于视频点播与直播，且与P2P技术容易结合。

二是RealNetworks公司的RealServer、Helix Server流媒体系统。对应的客户端播放器是RealPlayer或RealOne Player，它的文件格式包括RealAudio、RealVideo和RealFlash三类文件。适用于视频点播与直播，且与P2P技术容易结合。

三是苹果公司的QuickTime Streaming Server、Darwin Streaming Server流媒体系统，这类文件扩展名通常是.mov，它所对应的播放器是QuickTime。

四是Adobe公司FMS流媒体系统，即Flash Media Server。已成为视频和实时通信领域业界领先的解决方案，与Adobe Flash Player运行时紧密集成，几乎横跨所有操作系统和屏幕，文件格式是Flv。优点是占用缓存与带宽小，用于视频分享是最有效的，缺点是不能运用P2P技术。

视频推广作为一种新型的网络推广手段，能够极大地吸引消费者的兴趣，但是目前还有很多企业没有重视视频推广的作用，还没有尝试利用这一推广方式来增加销售量。

邮件推广

邮件推广是在用户事先许可的前提下，通过E-mail的方式向目标用户传递价值信息的一种网络推广手段。有效的邮件推广包括三个基本因素：用户许可、E-mail传递信息、信息对用户有价值。

推广专家提示在使用邮件推广的时候要注意以下方法和技巧：

1. **邮件列表**

邮件列表有两种基本形式：①公告型（邮件列表），通常由一个管理者向小组中的所有成员发送信息，如电子杂志、新闻邮件等；②讨论型（讨论组），所有的成员都可以向组内的其他成员发送信息，其操作过程简单来说就是发一个邮件到小组的公共 E-mail 邮箱，通过系统处理后，将这封邮件分发给组内所有成员。

2. **邮件推广的常见方式**

开展 E-mail 推广的基础之一是拥有潜在用户的 E-mail 地址资源。这些资源可以是企业内部所有（内部列表），也可以是合作伙伴或专业服务商所拥有（外部列表），因此 E-mail 推广的重要内容之一就是用户邮件地址资源的获取和有效管理及应用。

一般情况下，在采用内部列表开展 E-mail 推广时，有时也笼统地称为邮件列表，内部列表开展的 E-mail 推广以电子刊物、新闻邮件等形式为主，是在为用户提供有价值信息的同时附加一定的推广信息。

事实上，正规的 E-mail 推广主要是通过邮件列表的方式实现的。采用内部列表开展 E-mail 推广时，邮件列表常见的六种形式为：电子刊物；新闻邮件；注册会员通信；新产品通知；顾客服务顾客关系邮件；顾客定制信息。采用外部列表时，是利用第三方的用户 E-mail 地址资源发送产品、服务信息，并且通常是纯粹的商业邮件广告，这些广告信息是通过专业服务商的邮件列表来发送的，也就是说，这些“邮件列表”是属于服务商的。对服务商而言，是邮件列表的经营者；对于企业来讲，外部邮件列表与企业自己的邮件列表是企业网络推广的两个不同渠道。

3. **如何提高邮件的被阅读率**

（1）邮件标题：提供收件人感兴趣的信息。一个醒目并且具有价值的标题不仅能让用户将电子邮件与垃圾邮件区别开来，而且有助于用户决定是否打开并阅读邮件内容。不同类型的邮件主题对于用户的阅读决策有不同的影响，而且用户的性别差异也比较明显，如表4－2所示。

表4－2　　不同类型邮件主题阅读决策的性别差异

类别	男（%）	女（%）
有吸引力的信息或新闻	69	46
提供折扣	50	64
新产品发布	37	39
提供免费送货	28	43

当然，E-mail的收件人，亦即企业潜在的顾客，不会只有男性和女性两种分类，还有年龄层、收入层、教育背景、关注面、消费品质要求等方面的区分。针对不同的顾客群体，多采用能引起他们兴趣的标题，会改善E-mail推广的效果。

（2）发件人：让接收者产生信任。对于第一次发送的邮件，或者发件人信息并不固定的情形，发件人本身信息的影响甚至会超过邮件主题。一般来说，应该如实显示发件人信息，比如From Alibaba，再配合主题，以给用户提供真实的信息，这样，一方面即使用户不打开邮件也可以在一定程度上起到宣传的效果；另一方面用户也可以根据发信人是否和自己有关来判断要不要阅读邮件内容。隐藏发件人姓名，给人的感觉是发件人在做什么见不得人的事情，否则，正常的商务活动为什么害怕露出自己的真面目呢？这样的邮件，其内容的可信度又有多高呢？有些E-mail推广邮件为了获得较高的阅读率，将发件人和主题都设置得标新立异，夸大其词却无实际内容。这样的邮件可能会多获得一些点击率，但却容易让人对邮件广告本身的诚信产生怀疑，甚至产生厌烦心理。如果经常使用，就会变成垃圾邮件。

（3）正文：留住读者的最后机会。如果收件人看了邮件主题和发件人之后决定不打开邮件，那么无论多么有价值的邮件也与垃圾邮件无异。这时邮件很快将会从用户的电脑中消失，但是，还有最后一点希望可能使他回心转意，这就是邮件正文内容。使用 MSOutlook Exepress 之类软件接收邮件的用户，在默认情况下，有一个内容预览区。虽然这个区域不大，但充分利用这一点营销资源，向用户推广你的信息、品牌、广告、服务，也可以起到一定的效果。正文中的内容之所以重要，还有另一层意义，因为已经决定打开邮件的用户，也不一定都会认真看完邮件的全部内容，尤其邮件内容比较复杂时。这时候，邮件正文显著位置的内容就显得尤为重要，因为这使用户花很少的时间就可获得对他有价值的信息成为可能。因此，在邮件中设计最重要的信息、最有可能引起用户关注的内容是非常重要的，如内容提要、企业 LOGO、新产品信息、优惠措施等。

（4）收件人：让读者感觉邮件与自己有关。这往往是容易被忽视的内容，但正确显示收件人的信息，使邮件看起来像是一对一的个性化电子邮件，显然接收人的感觉要更好些。如果在邮件标题栏就能看到自己的姓名，用户往往会进一步关注邮件内容。

微博推广

微博推广是指通过微博平台为商家、个人等创造价值而执行的一种营销方式。该营销方式注重价值的传递、内容的互动、系统的布局、准确的定位，微博的火热发展也使得其推广效果尤为显著。

现在微博的流行程度丝毫不亚于 QQ，因为微博能够让我们一下子和很多人即时互动，很多人都可以关注你，成为你的粉丝或者听众，换句话说微博就是网络上一个新闻媒体，你可以在上面发布很多信息来和你的听众分享，那么使用微博来进行网络推广能够取得非常好的效果。可是很多人在网络推广的过程中觉得效果并不理想，实践证明微博推广需要解决以下难题。

1. 如何做到粉丝或者听众的快速增加

一般微博刚刚开通后，粉丝量是很少的，除非你是知名人士，可是微博没有粉丝或者听众，那么你在微博上宣传推广又有什么用呢？所以前期增加粉丝的数量是一个非常大的难点，对此我们可以用下面5个方法来突破：①微博的个人资料一定要完整；②对于企业微博来说，前期不能够发宣传语；③知道怎么写出吸引人的东西；④主动与目标听众的微博沟通；⑤多参与一些热门话题的讨论。

2. 目标群体如何快速增加

粉丝增加了，此时要想办法在众多的粉丝里面准确找到目标用户群，而且还要不断增加这些目标群的数量，这才是微博推广的关键所在，当然也是一个很重要的难点，一般目标群体都有这样或者那样的限制，我们不能够一下子把这些限制作死，而是慢慢地把限制逐步增加，循序渐进式地引导粉丝成为自己的目标群体。

3. 微博推广该如何定位

很多人在微博推广的时候往往不知道重点在哪里，就很难去发展目标群体实现精准推广，所以在微博推广正式实施之前要有一个很好的定位，只有做到这样才能够让微博推广发挥出它的效应。

微博推广的理念就是“以客户为中心的精准营销和主动式服务营销，在正确的时间把正确的信息传递给正确的人”，将引领微博精准化营销的发展。企业微博推广一个很关键的原则就是“一切围绕客户”。然而，目前微博推广没有现成的路子可走，需要每个站长在实践中总结自己的经验。不过我们可以参考博客的推广经验，或者将传统的推广经验移植到微博推广，并进行适应性创新，只有做到这样才能够真正克服微博推广所存在的三大难点。

移动推广

随着网络和技术的发展，移动通信产业迎来了移动信息时代，移动终端正在从简单的通话工具变为一个综合信息处理平台。这不但给移动终端增加了更加宽广的发展空间，也给网络推广创造了新方式——移动推广。

移动推广是指面向移动终端（手机或平板电脑）用户，在移动终端上直接向目标受众定向和精确地传递个性化即时信息，通过与消费者的信息互动达到市场营销目标的行为。移动推广是在强大的云端服务支持下，利用移动终端获取云端营销内容，实现把个性化即时信息精确有效地传递给消费者个人，达到“一对一”的互动营销目的。

随着手机上网功能的开发和完善，使用手机上网的用户数正在呈现高速增长的态势。《第 26 次中国互联网络发展状况统计报告》显示，网民手机上网应用中，手机即时通信仍然是渗透率最高的应用，渗透率达到 61.5%。

随着手机互联网技术的成熟以及互联网运营成本的低廉，手机互联网就像是一块巨大的磁铁，把企业、团体、组织以及个人跨时空联结在一起，使得他们之间信息的交换变得易如反掌。市场推广中最重要的是组织和个人或团体和个人之间进行的信息传播和交换。很多消费者不能时时刻刻用电脑上网浏览网页，而手机上网既方便又快捷，因此，得到了人们的厚爱。

移动终端除了手机之外，平板电脑也越来越得到人们的宠爱。因为平板电脑无须翻盖、没有键盘、小到可以放入女士手袋，但却具有一般电脑的所有功能。它启动迅速，可以稳定地链接到电子邮件、社交网络，让人们随时随地获得最新资讯。因此，企业完全可以借助移动终端的方便、快捷性进行移动推广。而微信的出现又给移动推广提供了免费的工具。

微信是2011年1月21日，由腾讯推出的类Kik免费即时通信服务应用程序。微信具有零资费、跨平台、拍照发给好友、发手机图片、移动即时通信等功能。

微信已经发布iPhone版、Android版、Windows Phone版、Blackberry版、S60V3版和V5版。如果手机通过GPRS或WiFi的方式接入了网络，即可以免费下载和使用。截至2013年1月，注册用户量已经突破3亿。

微信的具体特点表现在以下几个方面：

第一，微信界面。支持发送语音短信、视频、图片（包括表情）和文字。

第二，支持多人群聊（最高20人，100人和200人的群聊正在内测）。

第三，支持视频聊天。

第四，支持及时查询股票行情。

第五，支持腾讯微博、QQ邮箱、漂流瓶、语音记事本、QQ同步助手等插件功能。

第六，支持查看所在位置附近使用微信的人（LBS功能）。

第七，实时对讲机功能。

由于微信用户不断增加，很多企业开始尝试微信推广。招商银行就举办过“爱心漂流瓶”用户互动活动，只要和招商银行进行简单的互动就可以贡献自己的一份爱心，此活动得到了网友们的认可。企业在进行终端推广的时候完全可以运用微信的特点，举办一些网站推广活动。

第三节　网络整合推广

网络整合推广也叫互联网整合式营销，它是指在对互联网各种零散的媒体资源深入研究的基础上，精确分析各种网络资源的定位、用户行为和投入成本而通过衔接推广的方式，为企业提供最大化需求的一种整体网络推广解决方案。

为何要整合

网络在人们的日常生活中越来越普遍，我们通过网络能够更多地对世界进行了解，网络在展现世界的同时也促进了传统市场营销模式的变革，在网络的大环境下形成了网络营销这一种新的营销模式。传统市场营销很难适应竞争激烈的社会现状，所以我们要对网络营销和传统市场营销进行不断地整合，达到最佳营销效果。现在的网络推广方法多种多样，如果单做其中一种，那么很难让顾客在许许多多的产品信息中找到企业。但如果没有计划地去做推广，就意味着大笔的推广费用将被浪费。如何有效地利用网络推广，更快步入低成本、高回报的网络营销时代，是现阶段每个企业面临的挑战。

网络营销与传统营销模式相比具有很多的优点，但是它也不可避免地存在一些缺点。第一，很多消费者对网络上的东西缺乏信任，总有一种摸到实物才放心的心理观念；第二，整个产品的销售过程变得冰冷、毫无生趣，很多用户尤其是女性朋友购物就是为了享受购物的过程，然而网络营销让用户直接通过网络就能实现购物的结果，省掉了逛街购物的过程，因此这部分用户会对网络营销产生一定的抵触；第三，网络营销让价格变得透明化，用户只需在电脑前轻点鼠标就可以货比三家，往往导致价格较高的产品企业销售效果不好，从而引起企业间的价格战；第四，网络营销存在安全隐患，当前我国的网络安全技术发展仍然比较落后，尤其是现在病毒恶意传播，黑客的恶意攻击、钓鱼网站普遍存在的情况下，给用户的网络支付带来了巨大的网络安全隐患。

所以，尽管网络营销对传统营销形成了强烈的冲击，但是网络营销不能完全取代传统营销。因为，首先，并不是所有的顾客都上网，上网的用户也不一定进行网购，即使进行网购，顾客很可能要参照传统媒体的信息。因此，网络营销不能只考虑传统营销渠道，也不能只搞网络营销，必须将二者有机地整合起来，才能取得良好的营销效果。

另外，传统营销所搭建起来的营销网络，有利于计算机网络营销的发展。在传统营销模式下发展起来的营销理论对网络营销具有重要的指导作用。不管未来市场怎么变，企业营销的目的都是一样的，就是尽可能采用一切方法，发现和创造消费者的现实需求和潜在需求。在很大程度上，网络营销与传统营销具有相互促进作用，因此，有必要将二者结合起来，形成一个相辅相成的营销体系，从而实现二者的优势互补、扬长避短，发挥二者最大的价值，促进企业更好地发展。

通常人们给“整合”的定义是一些零散的东西通过某种方式而彼此衔接，相互交互，从而实现信息系统的资源共享和协同工作。所以其主要的精髓就在于将零散的要素组合在一起，并最终形成最具价值和最具效率的一个整体，让他们通过结合发挥最大的价值。

企业网站的整合推广就是指为了网站有效实施网络营销，在从建站到投入使用这个过程中，以满足网站使用者的需求为取向，把各种分散孤立的网站推广策略根据有序性原则进行取舍、调整、组合，尽可能发挥不同推广手段的作用，整体制定统一的推广策略，从而使网站的推广活动达到最佳水平。

网络整合推广基本原则

如今是网络信息爆炸的时代，企业做网络营销怎样才能让自己的推广信息不被淹没在浩瀚的互联网信息海洋中，又能达到推广的目的呢？这就需要企业坚持一定的推广原则。

在企业对网络推广的方法有了比较深刻的认识，对网络整合推广的必要性有了一定的了解之后，需要坚持哪些整合推广的原则呢？专家指出，以下几点是必须坚持的原则：

1. 以增加企业收益为最终目的

任何的推广活动，都是企业为增加其收益为最终目的，网络推广也不例外。网络推广方案的拟订必须结合企业的经济实力、企业资源等情况，最终得出的方案必须使企业实施这个方案之后能增加收益。因此，在实施该网络推广方案前，必须做一次网络推广的投资价值分析。

2. 结合企业特色与实际挂钩并融合经营链条

实事求是，是每个企业都应该明白的道理。网络推广的实质就是推广产品、推广企业。其目的是为企业找到潜在顾客，让顾客发现企业。那么，在无数个推广的产品和企业中，作为顾客，如何记住企业呢？所以，网络推广要结合企业实际情况，结合企业特色，赋予企业生命力。推广方案要和企业的经营链条结合，不能独立开来，要把推广融入企业的经营链条，让推广带动销售，之后再让销售带动更好的推广。实施推广方案之后，要多与顾客沟通，考察效果，从而进行必要的修改。因此，建议中小企业在了解网络推广相应专业知识之后具体可以这样做：第一，有能力的中小企业应该着重建设自身的企业推广网站，让网站在各大搜索引擎中都有好的表现；第二，为了获得更多更好的曝光率，应选择企业产品的目标顾客集中度高的 B2B 平台进行有效的推广；第三，选择企业产品目标顾客群的国家、地区，在当地的黄页、行业平台进行广告投放；第四，尽可能多地收集目标顾客的信息，编辑许可邮件进行有针对性的产品推荐，发放新产品资讯等。

3. 评定企业网络推广的效果

网络推广方案实施之后，要对该方案进行评估，检查这个推广方案是否适合本企业，是否取得了预期的成效。然后再根据实际情况对该方案进行修改，不断完善。而现阶段对企业的网络推广评定主要有以下几个方面：网站访问量是否增加；在线用户注册数量是否增加；是否促进线下销售的增长；是否直接产生销售。只要企业多花些时间和精力，这些都是很容易就可以办得到的。之后再根据这些结合企业进行完善，那么企业的网络推广一定可以取得很好的成效。

4. 实施网络推广管理的方法

针对企业网络推广过程中可能出现的管理上的问题，我们给出了几个解决方法：①合理规划网络推广系统结构是其管理的基础；②合理有效地运用人才是其管理的有力保证；③强执行力是整个网络推广管理系统的有力保障。为了确保网络健康有序的发展，必须加强法制建设，完善法律法规，加强行业自律，大力发展网络诚信教育。只有用法制来约束网络行为，才能为中小企业的网络推广营造健康有序的市场环境。

以上网络整合推广的原则是企业必须坚持的，如果不遵守这些原则进行推广，很难达到企业网络营销设计的目标。

整合推广的策略

在网络营销工作中，有很多网站没有做成功，其中很多不成功的原因不在于技术问题，甚至也不在于团队问题，是因为没有很好地把线上推广与线下推广结合起来，或是没有找到一个好的结合点，不能把线上的推广优势与线下的推广相整合。

在电子商务大发展的趋势下，品牌企业推广应该整合线下、线上推广方式，充分发挥线下渠道的优势，为线上电子商务的发展提供强有力的支撑；线上电子商务发展成熟后又可以通过恰当的引导和错位经营，为线下渠道提供强有力的支持，从而实现互为促进、降低风险并最终实现利益最大化。

网络营销的线下推广方式有：报广（报纸广告）、户外、电视、广播、公交车体、地铁广告、聚会活动、冠名赞助、会议营销、DM 直投、事件营销。线上推广方式有：每次行动的费用，即根据每个访问者对网络广告所采取的行动收费的定价模式；每次点击的费用，根据广告被点击的次数收费；此外还有论坛营销、博客营销、E-mail 营销、电子期刊营销、软件营销、虚拟旅游。

整合线上、线下推广方式，首先，要有效整合线上线下的广告活动，确保线下广告的口号、公司名、新产品名，要在主要搜索引擎中取得排名第一，否则将没办法达到最佳效果。线下广告要突出了公司名、产品名成口号，触动用户来到网上进行搜索。其次，要整合线上与线下营销人员，在这种情况下，线下广告甚至可以直接鼓励用户去搜索某个关键词。再次，无论是电视广告还是报纸杂志的新闻或广告，最重要的就是突出企业的网址，这就势必要求域名够短，大家才能记住，而且最好不会产生任何异议，域名与企业名或产品名高度统一如域名就是企业名的拼音或者英文名缩写等。

企业究竟选择什么样的整合方式，要根据自己的实际需要进行。图4－3是网站整合推广策略体系图，企业可以借鉴这些推广策略进行整合。

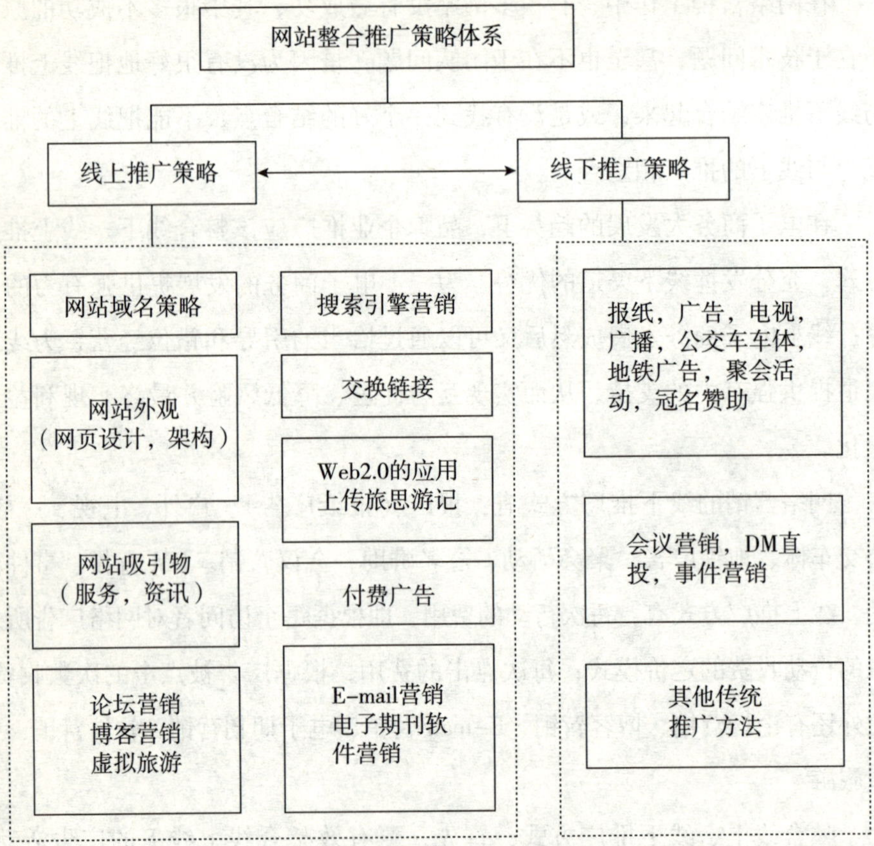

图4－3　网站整合推广策略体系

第四节 推广“六步”

定目标

很多企业都知道网络推广的重要性，都在积极地进行网络推广，然而仍然有很多企业不知道自己推广的目的是什么，终点在哪里。其实，做网络推广和做其他事情一样，首先要有一个明确的目标。

企业在借助互联网这种平台进行推广的时候，要达到什么样的目标，这个目标可以分为哪些阶段，每个阶段的目标又是什么，实现最终目标需要多长时间，这都是企业进行网络推广制定目标时需要回答的问题。把这些问题考虑清楚，然后做到有的放矢，在整个执行过程中，才可以把过程跟踪与效果评估做得更详细些。

企业网络推广的目标可以细分为多种，一般来讲包括以下这些：

1. 新产品或者重点产品的网络推广

不少情况下，新产品或重点产品总会被寄予厚望，能否成功推广开来，在一定程度上决定了企业的营收增长情况。在发布会、平面广告等推广方式之外，一套以产品推广为核心的整合营销传播方案，开始流传起来。以产品推广为目标，同样需要制定一系列指标。比如，传播量、曝光率、回复量、推广期间销售的增长情况等。

2. 品牌知名度的传播

这一点可以理解为单纯造势，目的是提高企业或产品的知名度，提高网络上的曝光率。品牌知名度的提高一般不会直接促动销售效果，当然，网络上曝光率的提升，对销售肯定是有帮助的。

3. 招商目标

通过互联网宣传影响创业者和既有的经销商，当然也包括了塑造知名度，从而吸引创业者或现有的经销商加盟，最终的目标则是要达到有多少加盟咨询电话、意向加盟者的到访量等。

4. 电子商务营销

电子商务营销会对销售效果起直接的作用，它能够通过网络提高销售量。基本上所有的传播工作都要考虑能否促进销售，能否在网上商城把产品卖出去。

5. 销售活动的网络支持

这个是用来促进销售效果的，方法有很多种，例如开展促销活动。针对每次销售活动，企业一般都会安排集中的文章推广，卖场、平面、户外等。随着互联网影响力的显著，企业会考虑在网上做一些促销方面的推广，比如新闻、论坛、微博互动，网上拼购、秒杀、团购等，这也是一种目标。

以上是几种最常见的企业网络营销推广目标，每种目标的实现都需要不同的方法，企业要根据网络推广的实际需要明确自己的推广目标，选择正确的推广方式。

定预算

推广预算是企业在做推广计划时对推广活动费用的匡算，是企业投入推广活动的资金费用使用计划。它规定在推广计划期内从事推广活动所需的经费总额、使用范围和使用方法，是企业网络推广活动得以顺利进行的保证。

营销推广预算不仅仅是预测所需费用，它还要有计划地巧妙处理计划过程可能出现的所有变量，这些变量决定着企业未来努力达到某一有利地位的绩效。

网络营销推广预算包含的内容如图 4－4 所示。

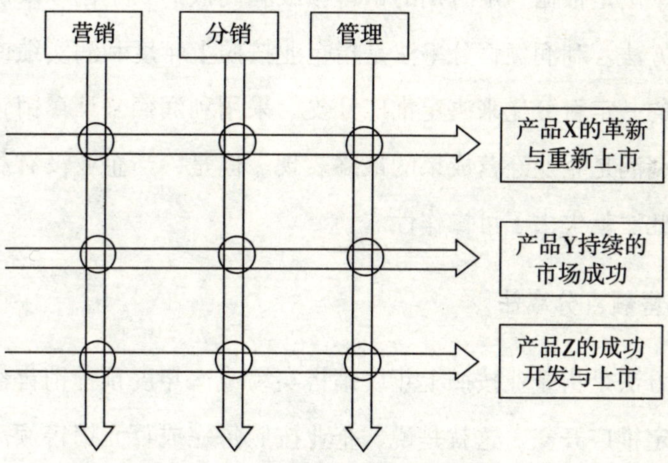

图 4－4　网络营销推广预算内容

企业只是了解了营销推广预算的内容还不行，最主要的是要掌握营销推广预算的方法：

1. 量力而行法

这种方法是企业确定营销推广预算的依据，是企业所能拿出的资金数额。也就是说，企业根据财力情况来决定开支多少。网络营销推广是企业的一种重要市场推广法，企业推广的根本目的在于促进销售。因此，企业做推广预算时要考虑需要花多少费用才能完成销售指标。所以，严格说来，这种方法在某种程度上存在着片面性。

2. **目标任务法**

是根据企业的销售战略来具体确定推广目标，再根据推广目的要求制定推广预算。这是一种比较科学的方法，能够适应企业运营的灵活推广预算方法。

3. **利润额百分率法**

百分率法是根据一定时期的销售额或利润额的一定比率来确定推广费用数额的方法。利润额百分率法是指企业按照上年度利润实绩或次年度预计利润额的一定百分比来决定推广开支。采用利润额来计算销售额更为恰当，因为利润是企业经营成果的最终表现。但是，当企业没有利润或出现亏损时，此法就失去了可操作性。

4. **销售额百分率法**

这种方法是指企业按照上年度销售实绩或次年度预计销售额的一定百分比来决定推广开支。这就是说，企业按照每完成百元销售额需要多少推广费来决定推广预算。

5. **竞争对抗法**

企业参照竞争者的推广开支来决定本企业推广预算为多少，以保持竞争上的优势。即整个行业的推广费用数额越大，本企业的推广费也越大；反之则越少。这种方法是把推广作为商业竞争的武器，实行针锋相对的宣传策略。采取这种方法的一般都是实力雄厚的大企业。

以上是制定企业网络营销推广预算的几种方法，每种方法都有它的优缺点，企业要根据自己的实际情况进行选择。但是，不管使用哪种方法，都要使预算与企业的目标或战略保持一致，将企业活动成功导向预定目标。

选媒体

网络推广需要媒体中介，怎样选择媒体是一项大学问。一般来说要结合企业的发展目标做决定。比如新产品上市时，为了吸引社会关注和打动经销商，就要考虑选择主流的财经媒体；如果要拉动终端销售，则应考虑选择目标市场的大众媒体。

然而推广媒体的选择要受到很多因素的影响，只有充分考虑这些影响因素，然后综合评价分析，才能找到合适的推广媒体。主要的影响因素包括下面几项：

1. 媒体方面因素

（1）要考虑媒体量的价值

如报纸的发行量、杂志的发行量、电视的收视率、电台的收听率，才能了解效果。

（2）要考虑媒体的价值

即考虑媒体的接触层次，应仔细分析其类型，以期与产品消费者的类型符合。同时需考虑媒体的特性、优缺点，节目或编辑内容，是否与广告效果有关。

（3）要考虑媒体的经济价值

要慎重考虑各媒体的成本费用，不仅要考虑“绝对成本”，即媒体的实际支付费用，同时亦应考虑“相对成本”，如用印刷媒体的每天读者数，或电波媒体的每分钟每千人的视听成本。

2. 市场方面的因素

(1) 要考虑消费者的属性

人总是依其个人品位来选择适合的媒体，不同教育或职业的消费者，对媒体的接触习惯都不相同。一般地说，教育程度较高者，偏重于印刷媒体；教育程度较低者，偏重于电波媒体，因此要配合消费者的性别、年龄、教育程度、职业及地域性等来决定应用何种媒体。

(2) 要考虑商品的特性

各种商品的特性不一样，应该按商品特性来考虑媒体。例如消费者（生活）用品广告和工业用品广告的媒体策略完全不同，前者是全体的消费大众，后者是特定的工厂、老板或董事，很显然，千万元的别墅广告和普通公寓广告的媒体使用应当有所不同。

(3) 要考虑商品的销售范围

商品市场究竟是全国性的销售，或是限于地方区域性市场的销售，这关系到广告接触者的范围大小，由此才可决定选择何种较经济有效的媒体，以免使用不适当的广告媒体而毫无传播效果。

3. 自身方面的因素

(1) 要考虑企业销售方法的特征

销售方式究竟以推销员为主还是以零售商为主，这要看用什么样的销售策略，销售策略不同选择媒体的标准也不同。

(2) 要考虑促销战略

如计划一个赠送样品的广告活动，就要用能配合赠送活动的媒体。

(3) 要考虑推广活动的基本目的及推广预算的分配额和企业的经济能力

此外对于同行竞争者使用推广媒体的情况与战略也应列入选择媒体的

考虑范围，以达“知彼知己”之效。

做准备

网络推广重在执行力，一整套方案的执行也需要良好和充分的准备工作。网络推广是一个长期的过程，需要不断坚持的同时，也要积极寻找更多的方法。不打没把握的仗，网络推广才能有序进行。网络推广的范围很广，无论是博客推广、网站推广，还是社会化媒体推广等，如果没有充分的准备，不能做到有的放矢，得到的结果必然是事倍功半。

要想成功地推广自己的网站，首先要做好网站的市场前期分析准备，既要分析自己的网站，同时也要分析客户，还有对竞争对手的网站进行分析等。磨刀不误砍柴工。准备的不充分，得到的效果就会不如意，那么我们看一下在进行网络推广之前怎样做好准备：

1. 网站类型定位

明确自己的网站是信息服务型、销售服务型或是综合型，如果是行政事业和众多的中小企业网站，这类网站主要是介绍宣传企事业单位，是属于信息服务型的，这类网站不需要很复杂的技术，而是将网站作为一种信息载体，主要功能定位于信息发布，体现的更多是单位的特色与理念，有的只是对设计和美工的要求较高。如销售服务型，就是在信息发布的基础上，增加了网上订单和支付的功能，这是一些较大型企业网站常采用类型。综合型的，也就是电子商务型，这类网站是要求有较高的信息化平台，集成了网上办公以及包括供应链管理在内的整个企业流程一体化的信息处理系统。

2. 客户分析

网络推广应该明确网站所针对的用户群，这涉及网络推广的功能性建设。一个网站所做的相关网络推广总是有一定的受众群体的。明确自己的网站适合哪些人来使用和观看，客户是企业还是个体消费者，他们信息化程度如何，经常上网吗？这些客户主要出现在网上的什么地方，哪种类型的网站，哪种类型的论坛，或什么样的 QQ 群等，他们主要想了解哪些信息？他们的购买水平力如何？他们的年龄、性别、学历、职业、个性、行为、收入水平、地理位置分布等各种资料都要进行统计分析，当然，网站开始时不可能了解得很细致。现在很多网站要求网民注册，特别是电子商务网站对用户有了注册、交易信息后，就会把包括各种信息保存在自己的数据库里面，通过这些用户的数据库，就可以对他们的行为进行分析。总之，我们必须要重视对网民进行行为研究，这将是提高顾客服务的基础，也是探讨网络营销环境建设的保障，对定向用户群进行了分析后，考虑的就是如何让这群用户知道自己的网站，如何去把这些用户吸引过来，选择最适合的推广方式。只有在做好分析的前提下，才能谈如何发展扩大网站，如何进行网站推广，研究吸引用户的网络推广方法。

3. 分析自己、知彼知己、明确自己的竞争优势

知彼知己，明确自身状况及特点，了解自己网站的定位、特点、栏目结构、优势内容、特色模块，对自己要推广的产品，一定要有深入的了解，只有在充分了解的基础上，才能设计出最适合的推广方案网站，同时使用者的计算机操作水平如何，本单位的信息化水平如何，网站功能服务在人力、物力、互联网基础以及外部环境等资源环境下能不能实现，我们网站中每个栏目，都要权衡可以调度的人力和资金资源：你的网上、网下竞争对手有哪些？与他们相比较，你在商品、价格、服务、品牌、配送渠道等有哪方面优势？我们应在分析竞争对手时，能学习他们的长处、优势，能根据自己的竞争优势来确定自己的营销战略，推广和发展自己网站的长处和核心竞争力，并把这些优势作为网站推广的一个吸引用户的焦点。

4. **分析现有网站数据**

做网站推广数据分析是很重要的，网站该如何推广，使用什么方法推广，都是需要先进行网站的统计数据分析，收集网站日常产生的各类数据：点击流数据、运营数据、用户数据等，通过统计这些数据生成网站分析的报表，能清晰地看到网站点击次数、浏览次数、用户数据的变化趋势，这些数据能帮助经营者系统地掌握自己的网站，通过网站数据分析能帮你更好地优化网站和推广网站，网站有哪些方面可以改进的，如何从技术到内容上进行优化。另外，分析竞争对手也是很重要的。

做好以上分析准备之后，还要研究出一整套吸引用户的网络推广手段。在明确了用户和了解这些用户会出现在哪些地方的前提下，现在只需要想的是，如何去把这些用户从那些地方吸引过来。用论坛推广方法也好，网站合作也好，内容互换也好，花钱买广告也好，根据实际的情况，选最适合的推广方式。

多测试

企业网站是网络营销实践的重要平台，网站推广是个系统工程，而不仅仅是一般网站推广方法的简单应用。网站推广策略要综合考虑各种相关因素，根据企业内部资源条件和外部经营环境来制定，并且要对网站推广各个环节、各个阶段的发展状况进行有效的控制和管理，才能达到网络营销的目的。

对于一个企业而言，网络推广的效果直接影响着企业的销售数额。企业网站推广的效果有多种表现，如网站访问量增加、网站品牌的提升、在线用户注册数量增加、促进线下销售的增长、直接产生销售等。我们如何才能知道网络推广的效果如何呢？这就要对网络推广效果做一些测试分析。

要了解网络推广的效果，需要做以下测试分析：

1. 网站流量的指标分析和评价

一般采用免费或收费的网站流量监测系统，比如免费的目前有51la，chinaz等都做得不错，但是，如何去根据后台监测数据进行挖掘，这并不是每一个非专业人员所能做得到或说做得更好的。

通过网站流量监测系统，从浅层次你可以获得访问你企业网站的来访人群的地域分布、访问时间段、访问来源以及访问入口，从这几个简单的指标上就可以做出一些报告，更多的数据可以参考各网站监测系统的后台数据报告。

2. 来路域名分析

在网站推广中，其实几乎所有的网站都是针对搜索引擎来推广的，目的是可以通过提高网站在搜索引擎中的排名来获取更大的流量。而我们分析网站推广效果时，自然最基本的方法就是看看网站流量的来路域名是通过搜索引擎还是其他推广途径得来的。那么判断网站推广效果时，就可以借助统计工具中的来路域名进行分析了。

3. 来路页面分析

判断网站推广效果最直接的方法就是通过查看统计工具中的来路页面分析数据，这样我们能够更详细地掌握网站流量主要是来自于哪些页面、哪个搜索引擎等。分析来路页面从而判断网站推广效果是目前比较精确的判断方法。比如我们要查看自己的网站流量是来自哪些页面的，只要通过查看来路页面就能够了解得一清二楚了。

4. 关键词排名分析

企业做网站推广的目的之一，就是希望把网站关键词的排名提升上去，可以让用户搜索自己的网站关键词时看到自己的网站，从而访问网站带来有效的流量。那么我们判断网站推广效果时自然也可以从统计工具中的关键词带来的流量高低进行分析了。总之，就是通过分析统计工具中的关键词升降榜对关键词的排名进行分析，从中得到通过关键词带来的流量是否有所上升。

5. 网站推广对企业网路品牌建立或拓展分析

这部分综合数据和动态性太大，企业很难监测得到，一般是通过潜在客户的反馈信息，本企业渠道和竞争对手的反应等方面来做出评价。

企业通过以上各方面的分析就能够很容易地掌握网络推广的效果，然后找到最有效的推广方式，所以，企业网络推广一定要多做测试分析。

做总结

很多网络推广人员做推广的方式就是日复一日地做网站文章更新，外链发布，在论坛、贴吧、博客等权重高、流量大的地方留下网站链接等。每天的工作量都很大，但是收效甚微——关键词排名上不去，外链急剧下降。之所以会有这样的问题出现，那是因为网络推广人员只是为了推广而推广，没有对推广工作进行分析总结。

那么网络推广人员怎样做推广总结呢？我们可以参考下面的方法：

1. 检查网站是否被挂有黑链

有些网站被黑客攻击，在网站上被挂有黑链还不知所云，导致网站无故被降权。

2. 检查外链

检查外链留的地方是否对网站、对网络营销有帮助，观察发布的论坛、博客、信息平台的权重如何、人气如何，高权重、高流量的网站上留下外链，必定是百利而无一害的。

3. 检查网站服务器

检查网站服务器的稳定情况，经常打开自己的网站看看服务器是否稳定，是否出现过慢或打不开现象。如果你的服务器不稳定，搜索引擎对你的网站也不会有太多好感，容易降权。并且，用户体验度也不高，谁也不会愿意花个 3 ~5 分钟去等您的网站慢慢打开。

4. 每天都要检查友情链接

很多网络推广人员的友情链接里面都能够很直观地看到友情链接的变化。需要每天抽出一点时间检查一下对方是否偷偷地将您的链接去掉，如果对方先不仁，那您大可不义，也删除掉他的链接。另外，需要看看友情链接的网站是否采用了 heimaoSEO，通过作弊的方式来骗搜索引擎，如果有，赶紧撤掉，断绝与其的密切交往，一旦被搜索引擎发现，很容易受到牵连，到那时真的是哑巴吃黄连有苦说不出。

5. 检查网站文章的收录情况

检查网站文章的收录情况可以从两个方面进行：第一，了解昨天发表的文章收录情况如何，点击量如何，这可以从蜘蛛访问网站的频率是否勤上面得到结论。总结那些没被收录的文章是因何缘故。是因为采集来的？还是搜索引擎到访的时间过慢？分析出根本原因做好相对应的措施。第二，摸清蜘蛛访问的习惯，一般是什么时候来网站爬行，观察到后在此之前定期发布，也很快被收录，避免了发布的文章半天得不到收录，反而被对手摘抄去，导致自己的网站成为采集内容的地方。

6. 分析竞争对手

知彼知己，百战不殆，多看看竞争对手有什么优势、可取之处，弥补自身的不足，扬长避短，知彼知己方能百战不殆，网络推陈出新的速度是很快的，当您还处于老式的推广方式中时，必定比不上那些新的推广方式的灵活运用撒网范围广，展示在潜在目标群体用户的面前概率大。

总之，不管是推广的方法、从何特色入手、网站的更新情况、布局、友链、收录情况等问题，都需要去分析，从而借鉴，收获将会更大。

本章小结

本章主要讲述了网站推广的方法和步骤。网站推广可以采取付费方式或免费方式，也可以整合线上线下推广方式，但是必须要注意推广的“六步”，否则网站推广工作就会陷入盲目之中。网站推广是网络营销工作的重要环节，不做网站推广，网站建设得再好也无人知晓，所以想要建站的朋友必须重视这方面知识的学习。

第五章

网络营销实战之运营篇

第一节　整合资源量化工作

从事网络营销工作究竟需要哪些资源，这需要对企业资源进行量化评估。网络营销所需资源量化首先要明确企业资源需求、统计现有资源、挖掘企业内部资源、整合外部资源，然后对其进行量化评估。

企业资源需求分析

在不同的社会经济阶段，对企业资源的理解不尽相同。现代一些学者认为，企业资源是指企业在向社会提供产品或服务的过程中所拥有、控制或可以利用的、能够帮助企业实现经营目标的各种生产要素的集合。我们应从更加广泛的角度来理解企业资源——凡是能转化为支持、帮助和优势的一切物质和非物质都是企业资源。

企业资源的基本特征包括以下几点：

第一，企业资源的内涵不断扩大。随着经济的发展，越来越多的新要素被纳入资源的范畴，例如信息资源正在变得越来越重要。

第二，企业资源是动态的、系统的。随着企业的不断发展壮大，企业资源的数量和质量处于不断变化的动态过程中。而且企业所拥有或控制的各种资源是一个有机的整体，各种资源相互联系、相互影响，共同支撑着企业的运营。因此，企业必须打破孤立的、僵化的资源观念，以动态的、系统的观念分析和开发利用资源，实现资源的动态优化。

第三，企业资源的边界日益模糊。随着信息技术的发展和竞争的加剧，虚拟组织、战略联盟、网络化组织等方式大量出现，导致了企业间日益复杂的网络结构和制度安排。这使得企业与环境之间的边界趋于模糊，企业资源也日益呈现这种态势，边缘性资源正在变得越来越重要。

企业开展营销活动需要一定的资源投入，没有任何资源网络营销就无从进行。在企业网络营销所需的资源当中资金是最重要、最活跃的一种营销资源，足够的资金可以换来所需要的各种营销资源。

企业开展网络营销除了资金需求以外，还需要企业网站、用户资料、合作伙伴等资源。

（1）企业网站资源。从网络营销的角度来看，网站本身就是一个营销工具，企业网站最重要的功能就是信息发布，即使一个最简单的网站，也比印刷的 Catalog 可以提供的信息要多得多，并且可以不断更新，将最新信息向用户或潜在用户提供。网站应该具有的资源包括站内资源和站外资源两部分，其中站内资源主要有：域名、虚拟主机/服务器、建站系统、内容；站外资源包括：相关的账号，文档，视频，素材等，主要是广告账户（百度/Google）、关键词库、分类信息、Sns 平台、活动、问答、博客和微博、电子书、视频、论坛、网媒、百科、渠道平台（联盟、电商）、数据库（邮件、IM、短信、企业 QQ、QQ 群）等。除了这些之外，网站还应该有业务支持系统，这个系统包括：技术、运营、销售、服务等内容。

（2）用户资料资源。用户资料是一个网站最重要的价值所在，合理利用用户资料对于顾客关系、销售促进等方面具有至关重要的作用，但在这种资源应用方面，即使大型企业也往往很欠缺，一些小型企业网站由于认识和资金投入的限制，在网站功能方面都存在一定的缺陷，通常又没有专业的网络营销人员，结果浪费了大量网络营销资源。

（3）合作伙伴资源。如果在一个企业的宣传材料上印上另外一个企业的介绍，这种情况一定让人觉得难以接受，但在网络营销中，情况就有很大的不同。企业网站的一项功能就是“网站合作”，与其他合作伙伴、供应商、分销商之间可以开展多方面的合作。“友情链接”和“交换广告”就是最基本的合作形式，当然还可以进行深度合作，开展交叉网络营销。利用合作伙伴的资源，属于一种外部资源挖掘。

由于企业资源的动态性和网络营销本身的不断发展变化，企业对资源的需求也会不断地变化，所以企业应随着新情况的出现不断分析对资源的需求。

企业现有资源统计

资源是企业发展的基础，没有充分的资源，企业是难以发展的。如果企业不知道自己的资源构成，也就做不到知彼知己，就不能在激烈的市场竞争中取胜。相反，如果对自己的资源构成、竞争者的资源构成都非常清楚的话，就能够准确地对各种形势做出判断，从而立于不败之地。因此，我们要做好企业战略管理工作，就必须清楚企业的资源，知道自己的优势和劣势所在，努力聚集优势资源，推动企业不断向着更高的目标前进。

现有资源是指这种资源已归企业所拥有，并且企业可以自由地处置和应用的资源。这种资源，是企业发展的基础，也是企业决策的主要依据。但它在企业发展中能否起到基础的作用，完全取决于对它的经营。对它经营得当，通过配置和运用，把它用活了，就不仅仅是以它为基础实现发展，而是把它变成一个支点，通过它撬动广泛的并不为自己所有的其他社会经济组织的资源，为自己企业的存在和发展服务，以实现企业的跨位超越式发展，使企业呈指数级的速度发展。如果不是对它进行经营，而仅仅是把它视作企业发展决策制定的约束，它也就构成了企业全部经营资源的内容。现有资源的性质、结构和数量是确定的，是企业特定时间上所拥有的各种资源的总和。它对企业决策的约束，在短时期内则是一个不可超越的硬约束。但从长时段上分析，它对决策的约束就不再是一种硬约束。如果不做这种时段上的区分，无论是把它作为决策的一个硬约束，还是有弹性的约束，都是片面的。要把握它对企业决策约束的性质，通过核算，准确把握其性质、结构和数量，这是前提。因为确定的，并不等于就是确知的。

现有资源分析的目的是确定企业目前拥有的资源量及有可能获得的资源量。经过分析，可以列出企业拥有和可以获得的资源清单，在这个基础上再进行进一步的资源评估，为制定战略提供可靠依据。

企业现有资源统计的内容包括两个部分：线上资源和线下资源。线上资源是指站内资源和站外资源；线下资源是指传统市场报告、市场趋势分析、竞品调研等。

企业内部资源挖掘

企业的资源可以分为外部资源和内部资源。企业的内部资源按照线上资源和线下资源可分为：网络客户分类、需求分析；企业简介、产品手册、业务宣传资料、线下市场数据、线下客户数据库、人员岗位匹配和能力素质分析等。

挖掘企业内部资源潜力，并不是一件很容易的事情，但是当企业的外部条件一定时，要使企业在激烈的市场竞争当中取胜就要从企业的内部入手。

企业内部资源挖掘是指如何把企业所拥有的有限的资源充分利用起来，去实现企业的战略。企业内部资源挖掘首先要对企业资源进行分析，了解企业在资源上表现出来的优势和劣势，综合评估企业的战略能力。企业内部资源分析包括以下三方面：

第一，企业资源的区域分析。企业的资源不仅限于企业合法拥有的资源。企业往往对外部资源也有很强的控制，供应商、分销商和顾客形成的价值链之间的联系常常是企业能力的基石。如果企业的价值活动深深植根于当地文化中，则企业控制的区域资源往往形成其资源优势，甚至是不可模仿的核心竞争力。

第二，企业资源的单项分析。资源的单项分析可分为实物资源、人力资源、财务资源、无形资产等分析。这些资源的辨识、确认是战略能力分析的基础，尤其要重视无形资产的评估。

第三，企业资源的均衡分析。根据协同理论，资源的合理配置可提供战略能力。可以从产品组合、能力与个人特性、资源柔性等方面分析资源配置的合理性。

在对企业资源做了充分的分析之后，认清了企业在资源上的优势，就可以充分挖掘企业的内部资源，发挥企业自身的资源优势。

企业内部资源挖掘就是挖掘企业人的潜力、挖掘物的潜力、挖掘财力潜力。企业内部资源挖掘的一种重要方式就是内部培育，是指企业所需要的资源是通过自身长期不断地摸索、学习、创造等方式积累而获得的，几乎所有企业的发展都经历了这一方式。需要内部培育的资源主要包括几乎所有的形象资源和部分规则资源，其中以企业商誉和企业文化最为典型。在长期的探索过程中，资源及其使用、整合过程都深深地打下了企业的烙印，因而这种资源是企业最熟悉、最稳定、最具有独特性和不可复制的资源，同时也是企业最宝贵的资源。即使有些资源可以被他人部分仿制，但由于没有相应的具有本企业特征的黏滞资源或周边资源与之匹配，因而也就不能产生协同效应，也就不会给仿制方带来这方面的竞争优势。

企业外部资源整合

企业外部资源是指这种资源并不归企业所有，但可以通过一定的方式获得对它的直接或间接的支配、使用权，让这种并不归自己所有的资源为自己企业的存在和发展服务。这种资源是一个非常不确定的量。对企业现有资源经营得当，它就是企业现有资源的配套资源，是被企业现有资源作为支点所撬动的外部资源的总和。经营企业，也就是要经营企业所拥有的非常有限的现有资源，通过把企业现有资源转化成支点资源来借用不为自己所拥有的外部资源，以实现跨位发展，这就是说，企业要在经营内部资源的基础上对外部资源进行整合。

企业所需外部资源从线上和线下两个方面来说包括：线上市场报告、网络竞品分析、素材库、域名、提供商、建站软件、网络营销软件和工具、搜索引擎营销服务商、网络营销服务商、业务合作机构和行业报告、市场趋势分析、竞品调研等。

企业外部资源整合是价值链整合的需要。当前企业的竞争已经由企业之间的竞争、行业之间的竞争上升到整个产业价值链之间的竞争。企业要想获得竞争优势必须与价值链上的其他企业亲密合作。

企业外部资源整合是战略联盟的需要。战略联盟是指两个或两个以上的企业为了实现自己在某个时期的战略目标，通过合作协议方式所结成的松散联合体，以达到资源互补、风险共担、利益共享。

企业外部资源整合是组织结构创新的需要。随着全球化、信息化、知识化时代的来临，企业的组织特征也发生了深层次的变化，传统的基于产品整合资源结构模式已经不能适应激烈的竞争环境，而基于业务流程变革管理而非产品的角度进行能力重组是企业重组的一种必然趋势。

企业外部资源整合是外部资源协同的需要。由于企业集团自身资源有限，抗风险能力差以及资源外寻的特点，使得企业应充分协同外部资源，进行社会化合作和建立动态联盟，为企业集团的发展创造机遇和条件。

企业在实施外部资源整合时要注意对战略联盟对象的选择。

首先，要评估合作伙伴与自己的兼容性。如果双方在经营战略、决策风格、管理结构等方面具有兼容性，那么联盟发生冲突的概率就会大大减少。考察兼容性还要关注价值观、原则以及对未来的希望。具有共同的利益是保持联盟关系的桥梁和纽带。没有共同的利益，联盟就失去根本的价值和动力。

其次，要弄清楚潜在合作伙伴的能力。潜在合作伙伴的能力状况是衡量该企业是否能够成为企业战略联盟伙伴的一个基本条件，因为能力是合作的基础条件之一，潜在伙伴企业只有具备一定能力才可以进行有效的合作，联盟的成功和稳定发展才得到保障。

再次，要考虑本企业与联盟企业的互补性。这是选择合作伙伴关系的重要标准。通过不同企业优势互补和资源重新整合而实现 1 +1 >2 的协同效应。对战略联盟的实际调查也表明，绝大多数联盟都把资源互补性作为选择合作对象的重要原则。合作伙伴的某种优势或特长是使企业达到凭自身无法实现的目标的前提。

最后，双方要做出一定的承诺。承诺主要体现相互承担一定的义务和责任，以弥补联盟各成员在内部资源与经营目标方面的差距。

网络营销工作量化及评估

企业要对网络营销工作量化及评估，就是对网络营销做出绩效评价。网络营销绩效评价是通过借助一定的定性化和定量化指标，对开展网络营销的企业的各方面进行评价、总结和改善企业网络营销的活动，它能为企业提供重要的反馈，并能迅速确认成败，及时识别所需的校正行动。

具体来说网络营销工作量化及评估可以从制定市场目标和量化评估两方面进行。

1. 制定市场目标

制定市场目标的方法一般采用倒推法，即根据年/季/月销售任务确定工作计划。根据市场历史/同业公司市场计划完成情况。然后确定网络营销推广方式——网络广告、网站运营、网站推广（含媒体公关）。

如做以下预测：

（1）有效客户量预测（根据销售计划）。计划完成销售收入 60 万元，按照人均一万元计算，需要 60 张订单。按单位客户成本 300 元/人次、总转化率 15% 计。需创造有效客户量 =60/15% =400 个。

（2）网络营销费用预测。需创造有效客户量 400 个。单位客户成本 300 元/人次。市场宣传费用 =400×300 =120000 元。

2. 量化及评估

网络营销工作量化及评估要在一定的网络营销绩效评价体系下进行。绩效评价能够预知企业所用战略和策略是否得当，是否能为企业带来应有的影响和效益，同时指出改正的方面和继续坚持的方面。它有利于改善企业的市场营销；它是提高企业服务水平的需要；它是提高企业知名度的需要。网络营销绩效评价的特征与网络本身特征有关：虚拟性、快捷性、互动性、对称性、全球性，在考虑网络营销体系绩效评价特征时，须全面考虑网络营销的特征，选择能反应网络营销本质特征的指标以便相对准确地评估企业经营业绩。

网络营销绩效评价的基本原则主要有目的性原则、科学性原则、系统性原则、可操作性或实用性原则、动态性原则、简洁明确性原则。网络营销评价指标揭示了企业网络营销绩效评价的内容和基础工作，依据网络绩效的内涵和绩效评价的目标和建立评价指标体系的原则，可将网络营销绩效评价指标体系设计为一个具有递阶层次结构的指标体系，如下表：

网络营销绩效指标体系

目标层	准则层	分准则层	指标层
网络营销绩效评价	网站绩效	设计效果	功能全面性，风格独特性
		安全效果	网上支付和交易安全性，营销安全率
		推广效果	搜索引擎排名，注册用户增长率，网站知名度，用户忠诚度
		运营效果	访问者增长率，页面浏览增长率，用户停留时间增长率，点击率
		广告效果	CMPX，顾客对信息的满意度，每次咨询的成本
	企业绩效	经济效果	销售利润率，利润增长率，销售费用率，资产负债率，流动率，应收账款周转率，存货周转率
		市场效果	信息利用率，销售额增长率，市场占有率，顾客满意度，顾客保持率，价格竞争力，品牌销售率，品牌资产率，市场扩大率
		形象效果	知名度，美誉度，品牌增值度
		竞争效果	顾客渗透率，顾客忠诚度，顾客选择性，价格选择性
		促销效果	顾客增加百分比，访问者中购买公司产品或服务的顾客增长比例，公司销售额的增长百分比
		导向效果	社区影响力，品牌价值提高度，消费者影响力，社会经济影响力，竞争者仿效率

网络营销绩效评价方法是在指标体系建立完毕以后，通过分析处理所收集的指标数据，最后得到网络营销绩效数值的数学方法。迄今为止，还尚未形成一套独立的完善评价方法。国外电子商务网站的营销绩效评价法主要有 AHP、Fuzzy 和结构方程模型评价法。

第二节　目标导向构建团队

人员招聘流程

企业的人员招聘工作流程，一般由企业的人力资源部制定，主要目的是规范企业的人员招聘行为，保障企业招聘人员权益，企业招聘流程主要包括招聘计划、招聘、应聘、面试、录用等几个方面。

大多数企业人事部门招聘人员的基本流程包括：确定人员需求、制订招聘计划、人员甄选、招聘评估等四个阶段。

网络营销作为一种特殊的营销活动，其人员招聘也离不开这个流程。基于这个基本流程稍微细化一下，得出网络营销人员招聘流程：

第一步，用人部门提出招聘申请。部门经理向人事部门提出所需人数、岗位、要求，并解释理由。

第二步，对招聘申请进行复核。人力资源部门复核，由最高管理层确定招聘计划。

第三步，确定招聘职位和名额。人事部根据部门递交的需求人员申请单，确定招聘的职位名称和所需的名额。

第四步，对应聘人员资格提出限制。对应聘人员的基本要求即资格及条件限制，比如该职位所限制的学历、要求的年龄、所需能力和经验等。

第五步，招聘人员工资核定。所有招聘的职位的基本工资和预算工资的核定。

第六步，制定及发布资料，准备通知单或公司宣传资料，申请办理日期。

第七步，联系人才市场或张贴招聘通知；安排面试时间及场地和面试方式。

第八步，最终确定人员，办理试用期入职手续，合格录用转正及手续。

第九步，签订合同并存档。

企业在按照网络销售人员招聘流程进行招聘的同时，还应该遵守以下招聘原则：

1. 客观公正原则

人事部门及经办人员在人员招聘中，必须克服个人好恶，以客观的态度及眼光去甄选人员，做到不偏不倚、客观公正。

2. 德才兼备原则

人才招聘中必须注重应聘人员的品德修养，在此基础上考察应聘者的才能，做到以德为先、德才兼备。

3. 先内后外原则

人事部门及用人部门在人才招聘中，应先从公司内部选聘合适人才，在此基础上进行对外招聘，从而充分运用和整合公司现有人力资源。

4. 回避原则

德才兼备、唯才是举是公司用人的基本方针，因此对公司现有员工介绍的亲朋，公司将在充分考察的基础上予以选用，但与之有关联的相关人员在招聘过程中应主动予以回避，同时不能对招聘过程或人员施加压力，影响招聘的客观性公正性。

企业只有遵守以上原则，然后按照招聘流程举行人才招聘，才能够达到招纳贤才的目的。

部门组织框架

传统的销售部门设有市场总监一职，下设销售部、市场部、产品部、客服部。网络营销部门与传统的销售部的组织框架相比发生了变化，设部门经理一职，下设三个分部，即技术部、推广部、业务部。每个分部设部门主管，其下设立相应的专员。

如图 5－1 所示。

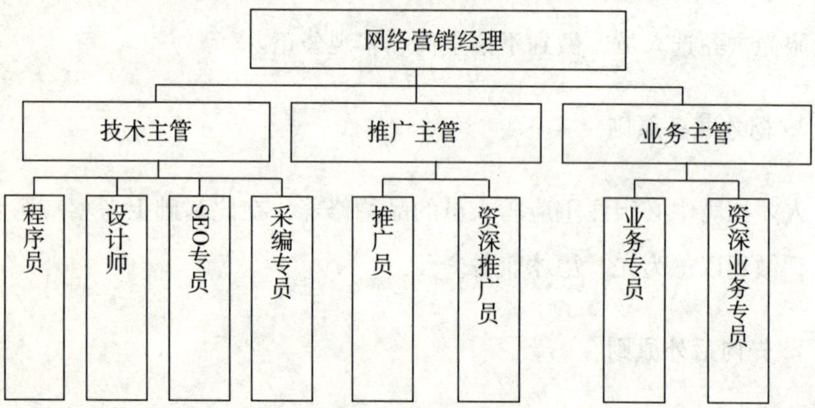

图 5－1　网络营销部门组织框架

这种设置主要是为了适应网络销售的需要，由此可见，网络营销与传统营销相比精简了机构，节省了人力资源。

一般来讲，网络营销部门中包含如运营经理、运营专员、网络编辑、SEO 专员、网站推广、网络营销文案策划、网站程序员、网站美工等基础性岗位。当然，每个企业根据自身的不同需要和公司内部管理机制可相应的增减。

另外，根据企业网络营销发展的不同阶段，其组织结构的级别也不同，可以将其分为：入门级、达标级和专业级。其框架分别如图 5－2、图 5－3 和图 5－4 所示。

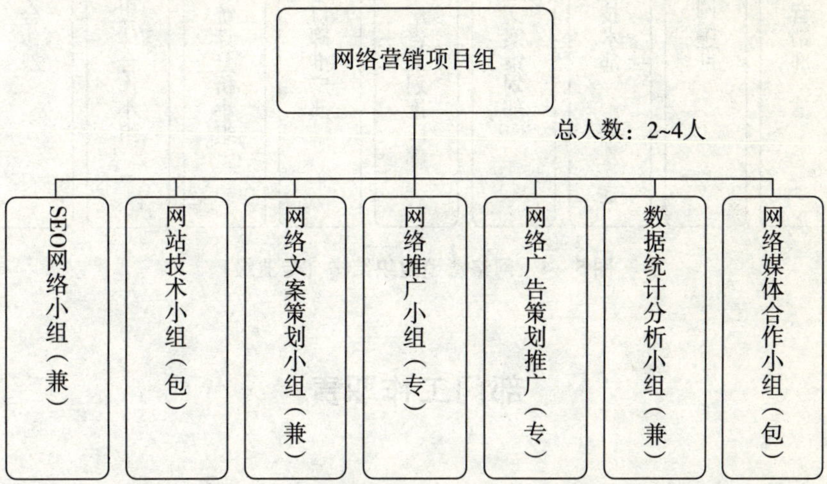

图 5－2　网络营销组织结构（入门级）

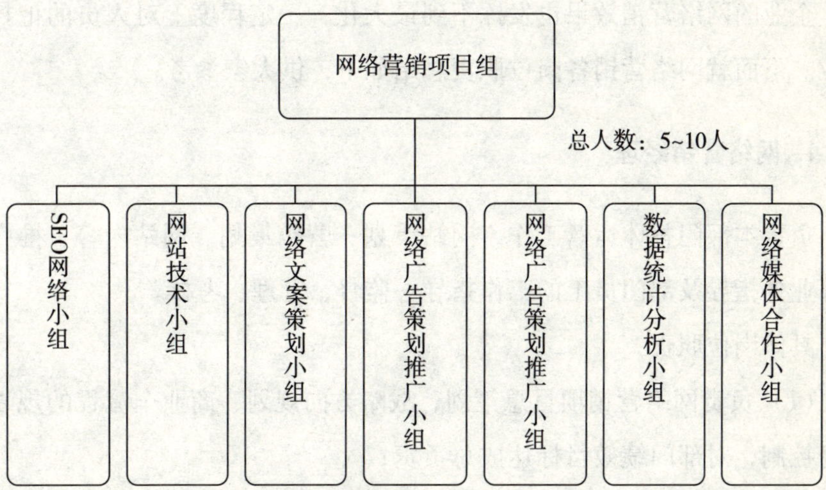

图 5－3　网络营销组织结构（达标级）

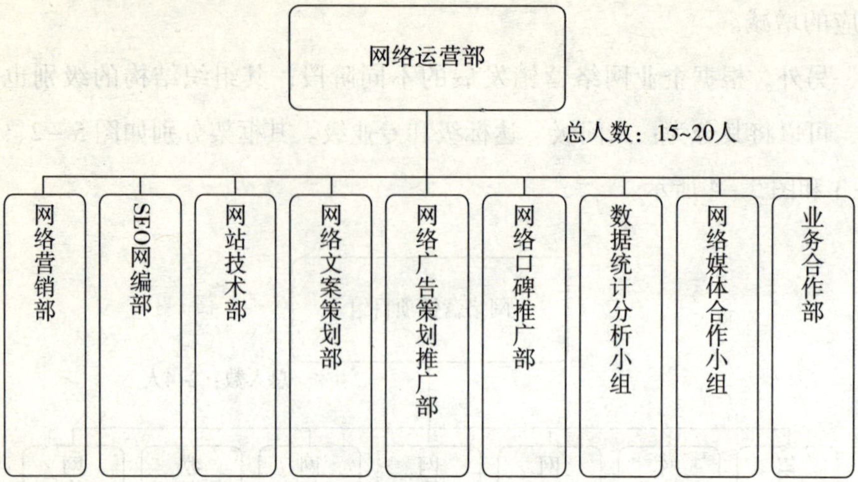

图 5－4　网络营销组织结构（专业级）

部门工作职责

在给客户提供网络营销服务的过程中，我们发现很多企业对网络营销部门相应的岗位职责和岗位要求把握不准，以至于难以有效地监测部门工作。企业的网络营销效果也发挥不到最大化，一定程度上对人员的把控不到位。下面就网络营销各岗位职责总结如下，供大家参考。

1. 网络营销经理

负责本部门整体运营工作，网站策划、营销策划、网站内容、推广策划等业务指导及部门员工的工作指导、监督、管理、考核。

具体岗位职责：

（1）负责网络营销项目总策划，战略方向规划、商业全流程的规划和监督控制，对部门绩效目标达成总负责；

（2）负责网站平台的策划指导和监督执行；

（3）负责网站产品文案、品牌文案、资讯内容、专题内容等的撰写指导和监督执行；

（4）负责网站推广策略总制定，以及执行指导和监督管理；

（5）负责网站数据分析、运营提升；

（6）负责本部门的筹划建立，员工招聘、考核、管理，部门规划、总结。

2. **技术部主要职能**

主要负责网站程序功能升级，开发新的特色功能；定期设计活动促销网页与相关促销图片；根据搜索引擎状况与企业网络推广需要，进行搜索引擎优化；每天进行信息的采集与产品或新闻信息的发布等。

程序员主要负责公司网站前后台服务功能的修改和升级，并保证网站软硬件平台的正常高效运行；对各部门内网应用情况进行调查，根据需求对程序进行修改设计。

设计师负责公司网站美工设计及运营过程中需要美工支持的各方面工作。

SEO 专员负责网站关键词在各大搜索引擎中的排名，提升网站流量，增加网站用户数。

网络营销文案编辑负责网络运营部产品文案、品牌文案、深度专题的策划、创意文案、推广文案的撰写执行工作，对网站销售力和传播力负责。

3. **推广部主要职能**

主要负责：通过博客论坛等工具对信息进行宣传推广，提高网站访问量；通过其他的网络方式进行产品推广。

推广专员负责网络运营部、创意文案、推广文案的撰写及发布、媒介公关和广告投放等工作，对网站有效流量负责。

4. **业务部主要职能**

主要负责：对客户投诉或建议进行沟通与协调，努力提高客户满意度。通过电话或网络工具对咨询或询盘的客户进行转化，提高销售业绩。

业务专业负责开发、维护网络业务；配合公司商务平台的推广宣传，在各种群和论坛发帖宣传、推广产品。

网络营销部门各相关岗位配备及岗位要求基本上如上所述，最终人员岗位的配备和岗位的职能要求需根据企业实际情况而定。这在日常工作过程中需灵活机动把控，也有很多公司基于某种考虑会将几个岗位聚集于一人，不管怎样，团队效率最大化才是最终目的。

部门管理制度

对于网络营销来说，不同的部门管理制度也不一样，但是各部门对员工的基本行为规范是一致的，主要包括忠于职守、服从安排，不得敷衍搪塞；充分发挥主观能动性、积极提高工作效率，业务技能上应力求精益求精；工作时间内谢绝会客，如确有必要，须经部门经理批准；在办公场所内不得吸烟、乱扔纸屑；保持环境美观整洁；同事之间应相互尊重和友好合作，不得有吵闹、聊天、搬弄是非等破坏正常工作秩序的行为。

下面我们就分别谈一下三大部门的不同管理制度。

1. **技术部管理制度**

(1) 电脑使用和管理

- 电脑管理实行专人负责制，未经负责人许可任何人不得随意使用；
- 未经许可任何人不得更换电脑软硬件，拒绝使用来历不明的软件和光盘；

• 禁止使用、传播、编制、复制电脑游戏，严禁上班时间玩电脑游戏；

• 公司鼓励员工探索、开发网络资源，为领导正确决策和提高管理水平提供理论和实践依据；

• 技术部电脑专人专用，非技术部人员未经许可不得进入技术部。

（2）电脑维护管理

• 电脑发生故障时，使用者作简易处理仍不能排除的，应立即报告部门经理；

• 对电脑维修维护时，首先确保对有效信息进行拷贝，避免操作不当而遗失；

• 如电脑软硬件需要更换须经部门经理同意，涉及金额较大的维修，应报总经理批准；

• 如发生涉及电脑软硬件重大损失事故，公司应将其作专案处理；

• 凡外请技术员对电脑进行维修时，技术部应派人员陪同并予以协助；

• 若因员工操作不当而额外增加的电脑维护费用和造成的其他损失，公司将酌情责令其赔偿。

（3）网络维护管理

• 网络管理员负有安全管理和规范操作的义务。若因违反操作而引发事故，公司将按有关规定追究其责任；

• 公司其他部门员工在使用计算机过程中需寻求技术帮助时，技术部人员一律不得拒绝；

• 网络管理员必须定期了解、检查网络运行情况并作如实记录，发现问题及时分析解决，对各类网络记录不得擅自删除；

• 网络管理员应当依据公司制定的计算机安全保密管理的具体措施对上传信息严格审查，严禁将涉及国家秘密、公司秘密的信息在网络上传输；

• 公司为确保网站安全运行，对网站的更新及资料上传下载实行专人负责。如有违反本规定者，公司将视其情节轻重并结合有关规定给予相应的处理。

2. 网络推广部门管理制度

（1）对外宣传管理。网络推广专员要宣传产品，通过网络邮件、发布供求信息、论坛发帖、QQ 交流等网络宣传手段宣传产品。根据企业的实际需要规定每天的发帖量。

（2）管理网站制度。推广部门要对企业产品网站或服务网站管理维护，优化网站推广，搜索引擎优化。

（3）服务客户管理。要让客户认同本企业和企业的产品，根据客户的反应来考核市场推广情况，对推广不力的人员做出惩罚。

3. 业务部管理制度

为规范业务工作制度，提高业务工作质量，提升各业务专员工作水平，网络营销业务部门也应该有自己的管理制度，下面介绍几种最不可缺少的制度。

（1）绩效薪酬制度。不管是哪种类型的企业，员工都非常关心自己的酬薪。业务能力比较强的业务人员关注的不仅仅是基本工资的多少。而是更多地关心公司的绩效薪酬，也就是销售额越高工资应该越高。所以企业应该设立酬薪绩效制度。如果没有绩效薪酬，业务员就缺乏挑战刺激，那么就不会招来或者留住业务精英。

（2）基本工作量制度。销售部门应该根据产品的特点以及销售难易程度和同行业的工资水平来制定最低的销售量。以此作为完成工作的最基本的标志，也就是拿到基本工资的依据。还要设定完成不了基本工作量的惩罚条例。

（3）晋升制度。在公平合理的前提下，业务部设经理1人、主管2~3人、业务代表若干人。管理体系严格按照制度实施，上级有绝对的领导权力，经理有任免权，上级对下级进行管理，全体进行监督。上级对下级进行培训、检查、督促、协助并帮助下级促成客户；下级对上级进行工作汇报、总结。实行一对一模式，经理对属下所有主管负责，主管对属下负责。所有主管直接接受经理领导，所有业务代表分成若干组，每组由各个主管领导。

部门绩效考核

网络营销的部门绩效考核也会因部门的不同考核的方法不一样。

1. 技术部门的绩效考核

（1）业绩考核。网站流量考核根据企业网站PV、独立访客、IP、新独立访客、人均浏览次数等进行考核，具体的参照数量根据企业的实际情况制定。

搜索引擎收录考核根据网站首页快照更新时间、网站首页和内页的收录量进行。

关键词排名考核根据目标关键词在搜索引擎上的排名、稳定性与目标关键词个数进行。

实际首页关键词个数/目标首页关键词个数×100%

（2）站内优化考核。站内优化考核从这几个方面进行：关键词密度——站内关键词密度优化与代码优化的规范；友情链接——每周增加相关网站的优质友情链接数量4个；长尾关键词挖掘——每周挖掘长尾关键词数十个；网站编辑——每日更新公司新闻1篇、行业新闻1篇、产品新闻1篇（编辑的标题，优化的关键词，锚文本链接，原创性）。

2. 推广部门绩效考核

（1）“量”考核方式

- 每天的工作量以博客方式进行总结，详细到注册名、密码、发布地址等链接都详细总结；
- 每周自撰文章，以每周四篇为最低限；
- 每个月的对外互链工作，把外链的详细地址总结到博客；
- 每周做的百度问答及追随别人的问答，以每周不低于5个提问问答为限；
- 每周针对行业门户网发布及互链工作，以每周不能低于20个内容为限；
- 每周在招聘类及资源类门户网发布及互链，以每周不低于5个内容为限。

（2）“质”考核

- 作品发布类的文章，必须加上公司logo水印，美观大方；
- 作品的审核不能出现错别字、漏字现象；
- 发布的内容需经过总监批阅通过；
- 发布的内容需健康，不能传播低俗、淫秽、色情内容；
- 百度提问问答要精简明了、换位思考、以情感为主线；
- 尽可能外链到优质、点击率高的网站；
- 撰写的内容需有一定的创新，行业信息强；
- 主要以推广本品牌为主轴，不要拉入竞争对手信息。

（3）奖罚制度

- 罚制：

①以一周内无一通电话从网络上打入公司咨询业务为惩罚标准。

②以一个月内无一通电话从网络上打入公司咨询业务为惩罚标准。

③以一个季度内无一通电话从网络上打入公司咨询业务为惩罚标准。

④以一年内无一通电话从网络上打入公司咨询业务为惩罚标准。

• 奖制：

①一周内有打入电话×次数为标准。

②一个月内有从网络上打入公司咨询且成交业务量为标准。

③一个季度内有从网络上打入公司咨询且成交业务量为标准。

3. 业务部绩效考核

业务部门的绩效考核，主要依据业务量和客户维护来进行，不同的企业每月要求完成的业务量也不一样，根据企业的实际情况而定。

下面主要介绍一下客户维护方面的考核：

（1）客户档案考核。客户档案内容齐全，单位名称及主要负责人姓名准确无误，地址准确详细，单位电话、主要负责人手机号码准确，如有网站或电子邮箱，需一同准确记录。每个重点客户个人都要建立一个“A 类客户客情登记表”。客户资料发生变更后，要保证在 15 日内调整登记表相应内容。

（2）客户关系考核。要与客户进行双向沟通，熟记客户客情关系卡中的内容，随口能说出客户基本情况，尤其要知道重点客户的兴趣、爱好、近期的喜怒哀乐、最近业务进展。和客户聊天时，能相互叫出对方的名字（客户至少能随口说出你是谁、代表的公司和所做的产品或者服务的名称）。

第三节　科学设立 KPI 监控点

KPI 的意思就是“关键绩效指标”，它是“Key Performance Indicator”的缩写。KPI 法标准比较鲜明，易于做出评估。其缺点是对简单的工作制定标准难度较大；缺乏一定的定量性；绩效指标只是一些关键的指标，对于其他内容缺少一定的评估，应当适当地注意。KPI 的制订流程见图 5－5。

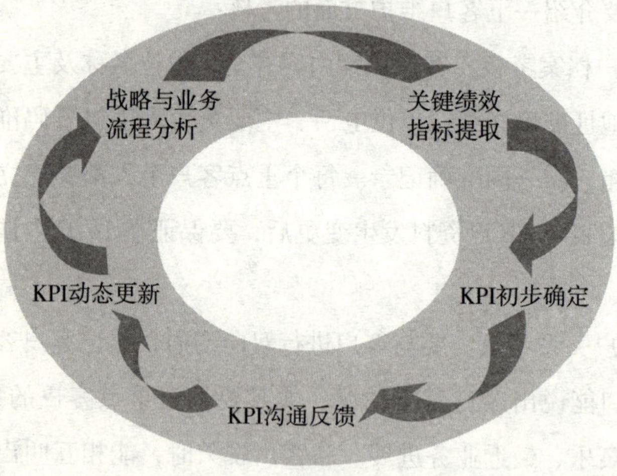

图 5－5　KPI 的制订流程

KPI 法符合一个重要的管理原理——“二八定律”。在一个企业的价值创造过程中，存在着“20/80”的规律，即 20% 的骨干人员创造企业 80% 的价值；而且在每一位员工身上“二八定律”同样适用，即 80% 的工作任务是由 20% 的关键行为完成的。因此，必须抓住 20% 的关键行为，对之进行分析和衡量，这样就能抓住业绩评价的重心。

KPI 指标，是通过对组织内部某一流程的输入端、输出端的关键参数进行设置、取样、计算、分析，衡量流程绩效的一种目标式量化管理指标，是把企业的战略目标分解为可运作的远景目标的工具，是企业绩效管理系统的基础。KPI 是现代企业中受到普遍重视的业绩考评方法。KPI 可以使部门主管明确部门的主要责任，并以此为基础，明确部门人员的业绩衡量指标，使业绩考评建立在量化的基础之上。建立明确的切实可行的 KPI 指标体系是做好绩效管理的关键。

网络营销运营 KPI 一般包括：运营 KPI、优化 KPI 和推广 KPI。

运营 KPI

运营 KPI 指网站运营当中可以检测的数据化关键指标，其细分如下：

1. **流量** KPI

- 流量来源及流量质量
- 关键词排名
- 广告点击量
- 网站访问者
- 受访问页面数量

2. **内容页面**

- 用户停留跳出转化
- 页面平均停留时间
- 着陆页停留时间
- 关键页面跳出率
- 页面的对话发起

3. **资讯转化**

- 各个阶段资讯转化率
- 访问了对话转化
- 对话有效量转化
- 有销量销售转化
- 用户注册量
- 注册用户平均购买

4. **成本控制**

- IP 成本监测
- 单次 PV 成本
- 单次对话成本
- 单次销售成本
- 单个注册成本
- 注册量
- 销售数量
- 网站收益
- 投资回收率

企业要想做好网络营销，就要对网络营销有一个合理的评估，要完成这个工作就可以借助 KPI 指标。网站运营 KPI 能够给企业的发展指明方向。

优化 KPI

企业网络营销优化 KPI，主要从以下两个方面进行：

1. **网站优化指标**

- 网站栏目/频道更新量
- 网站文章更新量
- 网站页面收录量（以上为网站编辑 KPI）
- 网站外链数量
- 网站友情链接数（以上为 SEO 专员 KPI）
- 网站主关键词及长尾关键词排名状况
- 网站综合排名（ALEXA）、自然流量及订单量
- 竞品网站效果监控（以上为 SEO 主管 KPI）

2. **站外优化指标**

- 站外主关键词及长尾关键词相关页面收录状况
- 站外主关键词及长尾关键词排名状况

企业利用 KPI 进行考核虽然能够达到考核目的，但是在运用过程中还存在一些缺陷，主要表现在以下几个方面：

（1）绩效管理观念的灌输程度还不够

在实际工作当中人们通常把 KPI 当成一项任务去完成，而不是把它当成一种提升个人工作绩效和企业管理水平的方法，没有变成一种自觉自愿的行为。为了保证企业顺利推进绩效考核工作，企业应该从上到下转变观念、明晰角色、各就各位。对企业高层而言，一个企业的绩效管理体系能否获得成功，关键就看高层是否有决心、有魄力去大力推进。对企业中层而言，需要努力转换他们的观念，让他们理解“磨刀不误砍柴工”的道理，有效的绩效管理可以有针对性地提升下属的能力，能够立竿见影地提升部门的业绩，从而“利己利人”。对基层员工而言，通过绩效考核和面谈沟通，自己可以及时了解自己的工作在哪些方面做得不够好，还可以如

何改进等，从而让个人的能力随着绩效考核的推行而不断得到提高，员工和企业都将从中受益。

（2）绩效的沟通、反馈与改进

在运用 KPI 过程中存在着只做考核而不将结果反馈给员工，没有发挥考核应有的功能和作用的缺点。

反馈的主要方式就是绩效沟通，因为只有通过绩效沟通，才可能让被考核者了解自身绩效，找到工作的不足之处及改进的方法，端正工作态度，同时通过各种可利用的措施使其工作能力与绩效大幅提高，使其工作目标与本部门相一致，并加强团队与合作精神。缺乏有效的双向沟通的绩效管理，很难真正达到目的。

（3）绩效考核结果的运用不明显

KPI 绩效考核首先要与分配制度相分离，建立以任职资格为基础、变单项奖罚为基于 KPI 的全面绩效评价体系，再通过薪酬制度、岗位轮换制度、培训教育制度、资格晋升制度等体现对员工的激励。变负向激励为正向引导，不断提升员工的工作能力和工作绩效水平，共同实现企业的战略目标。

企业要想在考核网络营销工作当中充分发挥 KPI 的作用，以期达到完美的考核目的，就要从以上几个方面进行 KPI 优化。

推广 KPI

企业要了解网站的推广状况，必须要拿出一定的量化标准才能够明确网站推广的效果，所以必须对推广工作做量化考核。

考核网络推广工作要根据一定的考核指标进行，根据网络营销专家从实践中总结出来的经验来看，网络推广考核主要有三大指标。这三大指标包括：搜索引擎的收录与排名（这点可能是最能体现推广效果的指标）、网站的注册用户、网站的外链数量。下面是专业人士对这三大指标的详细阐述：

1. **搜索引擎的收录和排名状况**

搜索引擎的收录和排名状况是网络推广考核的主要指标。实际上登记的搜索引擎越多，越有利于增加访问量。另外，搜索引擎的排名非常重要，网站虽然在搜索引擎注册了，但是排名非常靠后，翻几页都找不到，这对营销推广起不到多大的作用。

企业在对推广工作进行评价时，要对网站在主要的搜索引擎上的表现逐一进行评估，并与主要竞争者进行对比分析，这样才有利于搜索引擎的优化。

2. **用户注册数量**

网站访问量是考核推广工作的基础。虽然，网站访问用户不一定就是企业的有效客户，但是，也在一定程度上反映了网站获得顾客的潜在能力。

网站访客成为实际购买者需要一个网站转化，而对于网站转化率而言，最直接的指标就是网站的注册用户数。一般而言能成为网站的注册用户的会员，对网站的认可度比较高，成交的概率也比较大，而且注册用户资料是重要的网络营销资源，是开展网络营销的三大基础之一，拥有尽可能多的注册用户数量并合理应用这些资源已经成为企业重要的竞争手段。这也就是为什么很多网站会设置一个用户注册模块，特别是各大电子商务网站，因此用户注册数量也是网站推广的重要指标之一。

3. **获得其他网站链接的数量**

获得其他网站链接的数量，也就是常见的外部链接数量，小范围也可以说是友情链接的数量。外部链接的数量越多，对搜索结果排名越有利，不仅可以从合作伙伴网站获得访问量，也可以增加网站被搜索引擎爬虫发现的概率，增加网站的权重。因此网站链接数量也反映了对网站推广所做的努力，不过网站链接数量并不一定与获得的访问量成正比，还与链接网站的质量有很大关系。

网站推广考核要根据以上指标进行，具体的标准可以参考以下几点：

第一，搜索引擎：网站相关关键字在百度、Google 等主流搜索引擎排名。

第二，网站：独立 IP 流量、PV 流量、PR 值提升、转化率（网站留言数量、最终订单转化）。

第三，网络信息覆盖数量：BBS、博客、问答等网站。

第四，网络曝光率提升：网络广告。

第五，网络事件策划频率：网络品牌影响力。

本章小结

本章讲述的是网站的实际运营方法。具体讲述了网站运营实践当中怎样利用整合资源量化工作、目标导向构建团队以及科学设立 KPI 监控点问题。也就是进一步地讲述了网络营销工作的量化考核问题。

第六章

网络营销实战精髓提炼

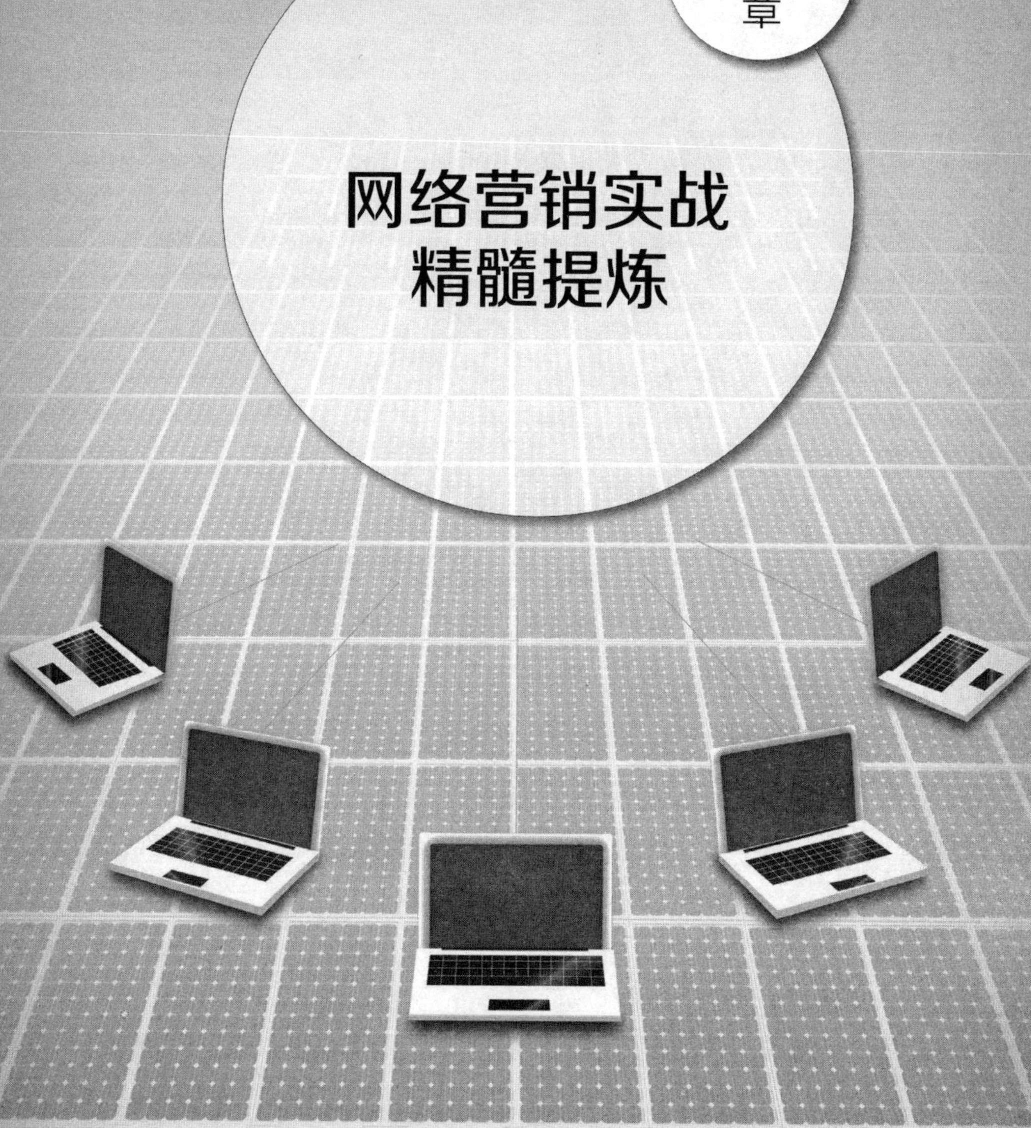

第一节 定位要精准

很多企业在对网络营销没有明确认识的情况下，仅仅通过报纸、电视等媒体宣传以及朋友的介绍，或者推销员的鼓动，就投身到网络营销行业，想借助互联网来扩大自己的业务和销售。于是就毫无准备地安排人员联系制作网站、发布信息、投入网络推广。整个网络营销过程未做计划就上马，几个月下来网络营销没有什么效果，就宣布失败，对网络营销失去了信心和兴趣。殊不知，网络营销是一个系统工程，关系到很多方面。需要结合自身的实际情况。进行需求分析，做好市场、消费者、消费渠道等一系列的定位才能取得成功。所谓定位定天下，企业从开展网站建设、企业信息发布，到制订推广预算，选择网络营销方法和产品都要有精准的定位。

美国人特劳特和里斯在 1979 年共同提出定位理论（Positioning），即品牌在消费者大脑里建立地位。定位的本质是争夺消费者的认知而不仅仅是市场。产品占领了消费者的心智，就基本上占领了市场，网络营销精准定位，不仅能够简化顾客决策过程，而且有利于塑造商家网络形象，黏住老顾客，吸引新顾客，确保商家持续赢利。

网络营销精准定位是关键。如何做到精准定位？相关人士总结出了精准定位四部曲。

第一，明确企业需要建设的网站内容以及网站类型是什么。企业网站内容建设是我们非常关注的一个问题，然后如何向用户展现网站的内容。

第二，企业该选择何种模板或者何种程序向用户展现出企业的形象以及企业的发展目标，甚至企业网站所需要向用户展现出来的内容。

第三，企业在网络营销以及网站推广过程中需要定位的目标关键词，以及如何通过搜索引擎优化，将客户的产品或者相关服务项目第一时间展现在用户面前，提高效益，为企业知名度打响创造价值。

第四，关于企业网站建设与网络营销的定位，一直以来，大家都知道企业门户网站是未来发展的一个大的趋势，一方面，门户网站的权重搜索引擎分配得比较高；另一方面，门户网站能够展现的内容较多，方便进行整站优化以及全方位定位网站的未来发展方向。

精准在营销界已经不是一个新概念，自从科德勒提出市场细分理论以来，精准营销开始被越来越多的企业所重视，然而对于相对年轻的网络营销来说，“精准”的认识性还相对不足。在网络推广已成为潮流的情况下，很多企业都主动或被动地加入了网络营销的大军，可是绝大多数的企业在做网络营销时往往陷入一种主观自我、随心所欲式的推广状态。他们只是简单地按照自己的想法去做事，虽然看似也非常繁忙，忙于网络话题的筹备、忙于网站的推广、忙于网络广告的投放，但是却缺少清晰的定位与匹配规划，如此下去，只会使得事倍功半、得不偿失。因此，企业进行网络营销一定要重视精准定位。

第二节 网站要优化

不管是努力使网页被收录，还是提高排名，都需要知道成效。收录率是不是提高了，排名是升高了还是有所下降，这些都需要评估。不能评估就不能管理。只有进行了有效的评估，才能真正做好搜索引擎营销或者搜索引擎优化。通过对搜索引荐数和网站转化的统计分析，还有搜索关键词的统计分析，可以知道努力的成效，同时还可以对目标关键词进行优先补充，对无效关键词进行删除。

网站优化包括狭义和广义两个方面。网站优化是对网站进行程序、域名注册查询、内容、版块、布局等多方面的优化调整，也就是网站设计时要适合搜索引擎检索，满足搜索引擎排名的指标，从而在搜索引擎检索中获得流量、排名靠前，增强搜索引擎营销的效果，使网站的产品相关的关键词能有好的排位。指出网站优化使网站更容易被搜索引擎收录，提高用户体验和转化率进而创造价值。

网站是企业与消费者进行交流的平台，提升网站的质量特别是用户友好度是吸引消费者、增强网站黏性的重要途径。

网站优化的一般方法如下：

第一，利用网站为产品构建新的销售环境。企业可以通过信息技术的应用把产品属性、产品理念等产品信息尽可能传达给消费者以增强其对产品的感知。

第二，精心设计网站结构。考虑到大部分消费者的网络技巧掌握情况，网站结构应做到简洁明了，以便于消费者访问。在此基础上，还要做到内容丰富全面，尽可能涵盖消费者普遍需求的信息量。

第三，选取有代表性的网址并加强宣传。在网络环境中，网址是企业最重要的资源，是企业在互联网上存在的标志。企业应利用各项网络营销策略扩大站点的知名度，比如网络事件营销、论坛营销等方式吸引流量。

第四，注重网站的维护与管理。企业网站的建设并非短期的工作，它不仅包括网站的设计与开发，更包括网站的日常维护，比如网页产品目录的更新等。必须做到让消费者通过企业网站能随时查阅最新的信息。

然而不同性质的网站优化的方法也会有所不同，下面介绍几种不同类型网站的优化方法。

1. 图片站

通过前面的介绍，我们已经知道搜索引擎对图片的识别功能非常弱，所以一些人做网站的时候忽略了网站图片的应用。但是这不是说搜索引擎没有识别图片的功能，只是我们在制作图片的时候要格外小心。

因此，对于只有图片的网站的优化在这里要单独讲一下。对图片站而言，合理使用 alt 标签是很重要的，对于每一张图片我们都需要给它加上 alt 来描述这张图片，来告诉搜索引擎这是一张什么样的图片，这样对提高收录和排名是很有帮助的。另外需要注意的一点就是网站中图片大小的问题，如果说网站中出现大量的大幅图片的话，对网站的加载速度的影响是很大的，往往会导致网站打开缓慢进而目标用户流失。

2. 商城站

对于商城站而言，既然客户来到了你的网站，你就要想方设法留住客户，让他们购买你的产品，这也就是我们常常说到的网站用户体验的问题。当用户进入你的网站时你要给他温馨的感觉——网站页面设计非常符合产品的特性，产品介绍写得有条理，有利于用户阅读，并且放在了比较明显的位置，网站上的联系方式显眼，便于客户遇到问题时随时咨询。最后要强调的一点就是购买流程要适当的简单一点，物流快一点。

3. 资讯类网站

资讯类网站一般都是以速度和数量来取胜的，网站一般以文字居多，没有什么花哨的图片，用户来到网站也仅仅是了解一些最新的新闻。基于这一点，新闻的时效性是很重要的，要时刻收集各种行业的新闻，只有这样才能够体现资讯类网站的特点。要想更好地吸引用户的眼球，网站标题的写法是很重要的，我们的标题要写得足够有技术含量，要能够吸引用户阅读，但是又不要与文章主题偏离太远，而且对于一些比较好的文章要放在网站最显眼的地方。其次就是网站内容，内容为王，既然是资讯类网站就更加应该做好网站内容了，要保证网站有充实的内容，保证内容可读性是最重要的。还有就是文章布局的问题，要多分段，不要一篇文章一段话就说完了，这样的文章想来没有人愿意读。最后需要强调的一点就是文章中要适当出现锚文本以及在侧栏放置最新新闻和相关阅读的文章，这些都是做好用户体验的一部分。

第三节 推广要做好

网络营销作为一种新兴的营销模式，也有一个逐步完善的过程，它的发展分为初级、中级、高级三个阶段，不同的企业，在经营过程中可根据自身的规模和特点，选择不同的阶段进行网络营销的实践。尽管在网络营销的初级阶段，企业可以利用网上的免费资源发布一些简单的信息，但这种营销的效果非常有限。一般来说，建立网络营销网站，是企业开展网络营销的前提条件。但是，网站的建立也并不是网络营销的最终目的，如何发挥网站推广的作用，让自己的网站在浩如烟海的站点中脱颖而出，吸引众多的访问者，使目标客户能够很方便地找到并进入自己的网站购买自己的产品，才是企业网络营销的最终目的。

网站推广就是通过推广网站的域名，让上网者知晓，并登录到企业的网站上，浏览企业的网页，从而传递企业及产品（服务）信息，让消费者产生消费欲望进而实施购买行为的过程。

网络推广是网络营销的重要组成部分，对电子商务也是起着至关重要的作用。有人说，做网站就相当于做宣传彩页；做网站推广，相当于把宣传彩页散发出去。所以做了网站一定要推广，就像你做了宣传彩页一定要发出去一样，否则，还不如不做。而网站推广，具有相当的专业性，并不是简单地印在名片上、广告上就可以了，那样其实几乎没有效果。所以一个企业网站，必然要走上网络推广的道路，否则之前对于企业网站的建设就变得毫无意义了。

然而做好网站推广也不是一件容易的事情，这需要遵循以下几点原则：

1. **效益/成本原则**

企业网站可以设置在线购买或在线招商等功能，并会有一定的短期利益。但是网站设计更重要的是传递企业的品牌内涵，品牌资产的上升将为企业赢得长期利益。因此，在激烈的市场竞争中，注意力和品牌形象将是企业网站推广首要考虑的目标。

2. **锁定目标受众原则**

在茫茫“网”海中，有众多的网民，他们彼此身份不同，各自的消费需求也不一样。这就要求我们在企业网站最大限度覆盖网民，提高网站知名度及传播规模的同时，也要锁定目标网民，锁定目标消费群，集中力量来影响这部分目标消费者。

3. **稳妥慎重原则**

网站只有在建设好以后，才能进行站点推广。建设好网站包括 3 方面的含义：①网站在建设技术上要过关，必须使目标消费群能迅速打开网站；②网站的美术设计要利于传递企业品牌内涵；③网站要方便目标消费者提高信息利用率及互动，如设置本站收藏夹和意见反馈等。

4. **综合安排实施原则**

互联网上目标消费者众多，消费需求和消费习惯都有明显差异，加上竞争对手手段多样化，市场复杂多变，企业产品各有其特点。因此企业在进行网站推广时，要紧紧围绕着企业品牌内涵进行综合运用，对站点推广的过程进行全面策划、监控和评估。

第四节 工具很重要

工具原指工作时所需用的器具，后引申为达到、完成或促进某一事物的手段。

随着信息技术革命的到来，网络的使用在全世界飞速发展。当人们遇到难题的时候喜欢在网上搜一下解决方法，可见网络本身就是人们生活的一种工具。

网络营销工具虽然在企业开展网络营销过程中得到广泛的应用，但到目前为止，网络营销工具并没有明确的定义，绝大多数关于网络营销的论文和著作甚至都没有提及。为了方便人们理解，“百度百科”给网络营销工具的定义是：企业或个人为实现营销目标而使用的各种网络技术、方法和手段。这样，凡是以网络技术为基础，进行营销活动时采用的技术和手段都可以成为网络营销工具，包括基于搜索引擎的工具、邮件群发工具、网站视频在线客服工具，社会化书签工具，同时也包括时尚的微博工具等。虽然少数工具例如邮件群发等由于滥用导致大量的垃圾邮件，在业界或理论界“名声”不好，但却是当前国内一些中小型企业开展网络营销过程中采用较多的网络工具手段。

人类社会每进步一点都与利用工具息息相关，工具的使用总是在人类生活的各个不同层面、不同程度上影响着人们的生活。网络营销需要一定的载体才行，所以网络营销同样离不开工具，没有工具网络营销寸步难行。网络营销工具是企业从事品牌营销和传播战的武器，只有武器足够强大，才能稳操战争胜券。

网络营销工具在树立企业品牌形象、产品/服务展示、信息发布、顾客服务、顾客关系处理、网上调查、资源合作、网上销售等方面发挥着巨大的作用。在现阶段的网络营销活动中，常用的网络营销工具包括企业网站、搜索引擎、电子邮件、网络实名通用网址、即时通信、浏览器工具条等客户端专用软件、电子书、博客、RSS 等。借助于这些手段，才可以实现营销信息的发布、传递、与用户之间的交互，以及实现销售营销的有利环境。

第五节 人才是关键

在现代社会中，人才是经济发展的主导力量。人才是发展经济有关政策的倡导制定者、龙头企业的经营管理者、核心技术的引进创造者，他们在很大程度上影响或决定着经济发展的水平。各行各业的发展都离不开人才，在网络营销当中也是如此。

网络营销是一个全新领域，网络营销人才稀缺，网络营销人才培养明显滞后，是企业网络营销工作最大的障碍。企业网络营销人员，一般由那些对市场有经验，但对网络营销并不熟悉的传统营销人员，或是一些网络技术人员客串网络营销人员。他们可能并不理解，网络营销除了销售本身以外，还有提升企业品牌价值、加强与客户沟通、改善顾客服务功能。

鉴于以上分析，一个完整的网络营销团队，需要以下几方面的人才。

（1）团队运营人才：对网络营销有足够了解，沟通能力较强，能对整个团队进行协调。

（2）技术人才：需要熟练网页设计和网站开发，能够消除蜘蛛陷阱，使网页能被正常收录。

（3）文案编辑人才：需要对产品描述进行写作。除了对描述清楚产品外，还需要考虑搜索引擎排名要素。

（4）内容编辑人才：主要进行专题新闻写作，使信息型搜索者向交易型搜索者转变。在进行客观的专题写作外，考虑搜索引擎排名要素。

（5）付费搜索人才：鉴于付费搜索的重要性，需要一个对付费搜索有经验的人来对其管理。

（6）数据分析人才：鉴于评估的重要性，需要对网站每日流量进行统计分析，来对所作努力进行检验。

（7）关键词研究人才：关键词研究可谓网络营销的重中之重，需要专人进行专门研究，同时集合大家的力量。要求对百度指数、Google 趋势、Google Adwords、雅虎风向标等熟练使用。

那么如何判断一个人是否是网络营销的人才呢？这可以从他对网络营销的理论知识的掌握和实践技能上判断。

网络营销人才应掌握的理论知识有以下几个方面：

掌握营销基本理论；熟悉网络市场的特点；熟悉网络营销服务的常见产品；掌握营销型企业网站规划和建设的基本理论；掌握企业网站推广的基本理论；掌握企业网站运营和管理的基本内容和理论；熟悉企业网络营销效果评价的基本理论；掌握网络贸易的知识与理论。

网络营销人才应具备的实践技能有以下几个方面：

企业网站规划与建设的项目管理能力；网站优化与推广的实战能力；网络品牌建设与推广策略实施能力；网络市场调研方法；网络市场策划与分析能力；网络客户服务；企业网站诊断；企业网络营销效果评价；网络贸易与沟通技巧。

本章小结

本章作为本书的最后一章，总结了网络营销实战的精髓，进一步强调了在网络营销工作当中，定位要精准，网站要优化，推广要做好，工具很重要，人才很重要。掌握了这些方面的知识就等于掌握了网络营销的精髓，网络营销工作一定能够一帆风顺！